JN303341

今、ふたたびの京都

―東山魁夷を訪ね、川端康成に触れる旅―

求龍堂

はじめに——今、ふたたびの京都

平山三男

〈京都は今描いといていていただかないとなくなります。京都のあるうちに描いておいて下さい〉と、川端康成は東山魁夷にすすめた。それは、康成が京都を舞台にした『美しさと哀しみと』『古都』を書くため、昭和三十五（1960）年春、京都市中に家を借りた頃だった。康成は京都の街中で〈山が見えない、山が見えない。〉と呟《つぶや》いた。〈三方から古都を抱きつつむ山波が、古風な家並みの上や道のゆくてに、京都へ着いたとたんに見えて、心はなごみ静まる。（中略）ところが、京都も高い洋館がふえるにつれて、山の見えぬ町中がふえてきた〉との嘆きが、先の魁夷へのすすめとなった。

魁夷の、昭和三十七（1962）年八月二十一日付・康成宛書簡に〈いつか先生が京都をいまのうちだとおっしゃってゐられましたが、いちど京都風景の連作を描いてみたいと思って居ります〉と応えて、完成したのが連作画「京洛四季《けいらくしき》」である。本書は康成・魁夷の長く心あたたまる交遊の結実・「京洛四季」の絵に康成の文章を配して味わいを深め、魁夷によって描かれた地を訪ねられるよう、関連地図なども付した。本書を手にして、その地を訪ねたり、康成の文章を味わい、心の旅をされるのもいいだろう。

川端邸での食事会で、川端康成に酌をする東山魁夷

名作が生まれた京都 ―京都市地図―

洛東

祇園
円山公園

「花をみんな見ていきたいの。」と、千重子は言つた。
西の回廊の入り口に立つと、紅しだれ桜たちの花むらが、たちまち、人を春にする。これこそ春だ。垂れしだれた、細い枝々のさきまで、紅の八重の花が咲きつらなつてゐる。そんな花の木の群れ、木が花をつけたといふよりも、花々をささへる枝である。（中略）
しだれ桜は、花々をささへる枝である。（中略）

しだれ桜は、竹組みに支へられてゐるけれども、花枝の細いさきが、地に垂れとどきさうなのもあつた。

この紅八重花の重なりのすきまから、池の向う、東の岸の木立の上に、若葉の山がながめられた。

「東山のつづきかなあ?」と、真一は言つた。

「大文字山どす。」と、千重子は答へた。

「へええ、大文字山か。高う見えるやんか?」

「花のなかに見るからどつしやろな。」さう言ふ千重子も、花のなかに立つてゐた。

『古都』川端康成より

花明り　1968年

「清水から京の町の夕ぐれを見たいの。入り日の西山の空をみたいの。」と、千重子が重ねて言ふのに、真一もうなづいた。（中略）

かなりの道のりだつた。電車通りはさけた。二人は南禅寺道へ遠まはりをし、知恩院の裏を抜け、円山公園の奥を通つて、古い小路を清水寺の前へ出た。ちやうど、春の夕もやがこめてゐた。

『古都』川端康成より

南座《みなみざ》をなだれ出た人、円山《まるやま》の花見の行き帰りの人を加へて、四条通《しでうどほり》は歩けないほどの人出だつた。（中略）
百子たちは左阿弥の横を通つて、吉水草庵の前の高みへ出た。四条通が真直ぐ見通せた。通りの向うに、西山の空が夕霞んでゐた。（中略）
下の円山公園のところどころに、花篝が燃えはじめてゐた。（中略）
知恩院の大釣鐘堂のところから、三人は御影堂の前へおりた。
堂を廻つて、「鶯張り」の渡り廊下の下を通ると、そこに枝垂桜が咲いてゐた。
夕もやのなかに、小さい花の房が薄紫がかつて見え、なまめかしかつた。
ここはひつそりと人影もなく、円山のざわめきが流れて来た。

『虹いくたび』川端康成より

祇園
八坂神社

宵山　1964−66年

祇園まつり　1964−66年

祇園祭は、七月十七日の山鉾巡行の一日と、遠い地方からの見物の人たちは、思ひがちであるかもしれない。せいぜい、十六日夜の宵山に来る。しかし、祇園祭のじつさいの祭事は、まづ七月いつぱいつづいてゐるのである。

七月一日にそれぞれの山鉾町で、「吉符入り《きっぷいり》」、そして、はやしがはじまる。生き稚児《ちご》の乗る、長刀鉾《なぎなたぼこ》は、毎年、巡行の先頭であるが、そのほかの山鉾の順序をきめるのに、七月二日か三日、市長によつて、くじ取り式が行はれる。

鉾は前の日あたりにたてるが、七月十日の「御輿洗ひ」が、祭りの本序であらうか。鴨川の四条大橋で、御輿を洗ふ。洗ふといつても、神官がさかきを水にひたして、御輿にそそぐだけである。

そして十一日には、稚児が祇園社にまゐる。長刀鉾に乗る稚児である。馬にまたがり、立烏帽子、水干の姿で、供をしたがへ、五位の位をさずか

りにゆくのである。五位より上は殿上人といふわけである。（中略）
七月十七日の山鉾の巡行よりも、京の人は、十六日の宵山に、むしろ情趣を味はふやうである。（中略）暑い京都の夏祭りである。（中略）
宵山には、それらの鉾が、つらねた提灯の灯でかざられ、はやしも高まる。
四条大橋の東には、鉾はないのだが、それでも、八坂神社まで、花やぎがつづいてゐるやうに思はれる。（中略）
十八日の、あとの山建て、二十三日のあと祭りの宵山、屏風まつり、二十四日の山の巡行、その後にも、奉納の狂言、二十八日の御輿洗ひ、そして八坂神社に帰り、二十九日に神事のすんだ奉告祭がある。
いくつかの山は、寺町を通る。
千重子はいろいろと、心落ちつかないで、ほぼ一月にわたる祭りを過した。

『古都』川端康成より

八坂神社の氏子は、たいへんに多い。宵山、それに十七日の山鉾の巡行が終つても、まだ、後の祭りがつづく。店を開けはなつて、屏風などをかざる。前には、初期浮世絵、狩野派、大和絵、宗達の一双の屏風などもあつた。浮世絵の肉筆には、南蛮屏風もあつて、みやびた京風俗に、異人も描かれてゐた。つまり、京の町人の盛んな勢ひを、あらはしてゐたのだつた。

今は、それが山鉾に残つてゐる。いはゆる舶来の唐織錦《からおりにしき》、ごぶらん織、毛織物、金襴緞子《きんらんどんす》、綴織《つづれおり》の刺繍などが使はれてゐる。桃山調の大きい花やかさに、外国との交易の異国の美も加はつてゐるわけである。

鉾の内も、時の名高い画家が、描きかざつたのもある。鉾の柱のやうに見える、鉾頭には、朱印船の帆柱だつたのもあると伝へられる。（中略）

千重子は、鉾の大きい木の車輪が、辻をまがる時の音が、今も寝床に聞えて来るやうである。

『古都』川端康成より

一力　1964−66年

祇園の小さく古い茶屋に招かれて行つた。

花見小路（祇園の大路）と四条の南座を表とする、前は宮川町の遊郭の裏、今は京阪電車が通る鴨川の東にかくれたやうな町、さういふ祇園の小家の多い、茶屋の一軒であつた。それでも、この家は、しまうた屋の目立たぬ表札ほどの小さい、茶屋の看板を入口の片柱につけ、それも目につかぬほど古びてゐた。車が通れるか通らぬか、少なくとも二台がすれちがふのには難儀のしさうな、この祇園一角は、おなじやうな古い小家がならんでゐて、夜はひつそりと人通りもあまりなくてわびしく、これが祇園の色町の一隅であるとは思へない。（中略）

古い都には、繁華街のすぐ裏に、ひつそりとものさびた町があつたりするのを、直木は祇園の小路で、ふとパリなどを思ひだした。京都では祇園のここらの裏路に限らない。

『たまゆら』川端康成より

青蓮院

南禅寺の近くに、手ごろな売家があると、しらされたから、秋びよりの散歩かたがた、見に行つてみようと、太吉郎は妻と娘とを誘つた。（中略）

「お父さん、あのへんをお歩きやすなら、青蓮院《しやうれんゐん》のとこを、ちよつとだけ、通つてつていただけしまへんやろか。」と、千重子は車の中で頼んだ。「ほんの入り口の前だけ……。」

「楠《くすのき》やな。楠が見たいのやろ。」

「さうやの。」千重子は、父の察しのいいのにおどろいた。「楠どす。」

「いこ、いこ。」と、太吉郎は言つた。「お父さんもな、若いときに、あの楠の大木の木かげで、友だちと、いろんなことを、話したもんやつた。――その友だちは、もうだあれも、京都にゐやへんけど。」（中略）

青蓮院の入り口の、石がきの上の楠は、楠だけが、四本ならんでゐる。なかでも、手前のが、もつとも老木であるらしい。

千重子たち三人は、その楠の前に立つて、ながめて、なんとも言はなかつた。じいつと、ながめてゐると、大楠の枝の、ふしぎな曲がり方に、のびひろがり、そして交はつた姿には、なにか不気味な力がこもつてゐるやうでもある。

「もう、ええか。いかう。」と、太吉郎は南禅寺の方へ、歩き出した。

『古都』川端康成より

年経る樹
1968年

晩秋に青蓮院の大楠は若葉の色にひろがりて照る

歌をたしなまぬ私は、「晩秋に」がよいか「晩秋の」がよいか、また、「若葉の色にひろがりて照る」と「若葉の色をひろげてぞ照る」のどちらがいいか、あるひは「若葉の色にひろがり日漏らす」と舌をかむやうなのがむしろおもしろいのかわからないけれども、とにかくこれは、青蓮院門前の楠の下に立ち、まはりをめぐつて、大樹を仰いだ、今日の印象であつた。「晩秋」であるのに「若葉の色」の青、そして低く垂れるやうに広げに広げた枝の、こまかい葉のしげりに、冬立つまぢかの真昼の日が照り、その光が葉漏れる、老大樹の若い生命のみづみづしさを、一首に写したのである。蒼古の幹や枝の荘厳、錯綜瀰漫《さくそうびまん》と地上に露出して匍《は》ふ根の妖靭《えうじん》までは、歌馴れぬ私の一首のおよぶところでない。「晩秋」によりも「冬近く」としたい季節ながら、京の紅葉のまさに爛熟の極みが常緑の照応にあるので「晩秋に」にしたが、ただ、今日の私はこのなじみの大楠に、葉色のみづみづしさを発見して感動したのであつた。そして、この葉色の青は東山魁夷さんの絵の色である。

東山さんの「京洛四季《けいらくしき》」の一図に、この大楠の「年経る樹」がある。私は東山さんの絵の楠を見に行つたのであつた。（中略）

東山さんの「年経る樹・青蓮院の楠」は「京洛四季」の多くの絵のうちでも、最も写生的のやうである。私の言葉足りぬ老大樹讃を、東山さんの絵はみごとに生かしてゐると見る。（中略）

むかしから古老大樹に生命の深遠を見取る私は、地方にそれをもとめて歩いたこともあつて、東山さんの大木や樹根の絵に、私の感じやうがある。幾百年、あるひは一二千年の樹齢の大木を仰ぎ、その樹根に腰かけて、人のいのちの短かさを勿論思はぬでないが、それははかない哀傷ではなく、むしろたくましい精神の不滅、母なる大地との親和、交合が、大樹から私に流れて来る。晩秋の大楠に若葉の色を発見したのもそれであつた。「老樹一花開」でもよからうが、「老樹万花開」である。しかし、日に照り日を漏らす大楠の葉が若木の楠の葉よりも小さくこまかいかと私に見えたのは、あるひは大楠の齢ひのせゐであらうか。

またあるひは、大楠の晩秋に若葉のやうな、みづみづしい緑の色は、実は京都の木の緑の色なのかもしれない。京都は木の葉の青も竹の葉の青も東京あたりとちがふのを、この秋、私はいまさらのやうに見た。東山さんの「京洛四季」に文章を書かうとしてゐた心がまへのおかげである。

『京洛四季』序文「都のすがた——とどめおかまし」川端康成より

「古都」の終りの回、中京の早朝に、淡雪《あはゆき》を書いておいたら、それが新聞にのる日の京都は雪になつた。

「『古都』を書き終へて」川端康成より

京都に着くと、都ホテルへ行つた。(中略) エレベエタアで、六七階まででのぼつたやうだが、このホテルは東山の急な傾きに段々と建つてゐるので、長い廊下を奥へ渡つて行つた先は、一階なのだつた。

『美しさと哀しみと』川端康成より

年暮る　1968年

雪降る町　1964−66年

「こんな晩は、冷えて来るのどすな。」と、苗子は一向に寒くないらしく、「粉雪は、ちらちらしたり、また、やんだり、ちらちらしたり……。今夜は……。」（中略）

ゆうべ苗子が言つたやうに、ほんとの粉雪は、夜なかに、降つたり、やんだりしたらしく、今はちらつき、冷える朝だつた。

千重子は起きあがつて、「苗子さん、雨具おへんやろ。待つて。」と、自分のいちばんいい、びろうどのコオトと、折りたたみ傘と、高下駄とを、苗子にそろへた。

「これは、あたしがあげるの。また、来とくれやすな。」

苗子は首を振つた。千重子は、べんがら格子戸につかまつて、長いこと見送つた。苗子は振りかへらなかつた。千重子の前髪に、こまかい雪が、少し落ちて、すぐに消えた。町はさすがに、まだ、寝しづまつてゐた。

『古都』川端康成より

「これから名物の底冷えですが、晩秋初冬の京都もいいですよ。京都は冬が好きだと言ふ人だつてあります。」

と、青木は親しげに、

「雪見も、京都でなさい。」

百子は窓に目をそらせながら、

「ここを出たら、西山へは一度行つてみたいんですの。この窓から毎日、西山の夕焼けを見せられて、さう思つてゐました。」

「さうですか。今日も夕焼けですね。」

と、青木も言つた。

「嵐山から嵯峨の方へ行きませうか。（中略）人のいない冬に行つてみると、やはりいいところだと思ひますよ。今年の五月でしたか、天龍寺の庭のうしろから、亀山公園に登つて、小倉山の峰づたひに、北嵯峨へ抜ける路を、一人で歩いたことがありました。」

『虹いくたび』川端康成より

深雪　1964−66年

■円山公園（まるやまこうえん）
〒605-0071　京都市東山区円山町463　電話：075-561-0533
京阪本線「祇園四条駅」・地下鉄東西線「東山駅」から徒歩十分
京都駅前バスターミナルから市バス100・206で「祇園」下車徒歩三分

【ひとくちメモ】

明治十九（一八八六）年から開発され、大正三（一九一四）年に完成された、京都最古の公園。東山丘陵のふもとにあり、北側に知恩院、青蓮院、その北東に南禅寺がある。南には高台寺、それをさらに南に下れば清水寺へと続く。西へ八坂神社を目指せばその先に建仁寺がある。ここはまた桜の名所でもある。染井吉野桜、山桜、枝垂桜、八重桜が八〇〇本以上あり、春は大いに賑わう。東山魁夷の描いた枝垂桜は、四条通がぶつかる公園入口を、左へ少し入ったところにそびえている。

■八坂神社（やさかじんじゃ）
〒605-0073　京都市東山区祇園町北側625　電話：075-561-6155
京阪本線「祇園四条駅」から徒歩五分
京都駅前バスターミナルから市バス100・206で「祇園」下車すぐ

【ひとくちメモ】

祇園祭は八坂神社の祭礼。平安遷都より一五〇年ほど前、この地に神霊を祀ったことがはじまりといわれ、また、平安時代に入って一〇〇年ほど経った貞観十一（八六九）年、日本各地に流行した疫病の除去を祈ったことにはじまるともいわれる。「鉾町」は特定の町の名ではなく、「山鉾」のある町のことをいう。

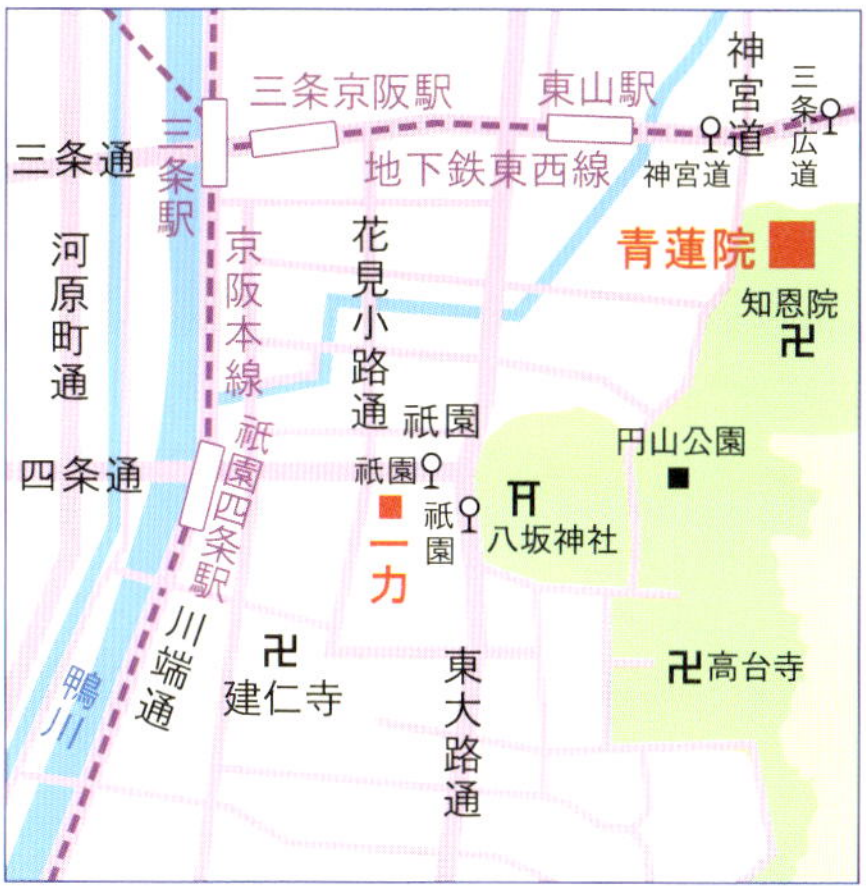

■祇園料亭 一力（ぎおんりょうてい いちりき）
京都市東山区四条通花見小路角
京阪本線「祇園四条駅」から徒歩五分
京都駅前バスターミナルから市バス100・206で「祇園」下車徒歩三分
【ひとくちメモ】
『仮名手本忠臣蔵』の「七段目 祇園一力の場」で有名な老舗の「お茶屋」で、一見《いちげん》の客はお断りのため、詳細な住所・電話番号は公開していない。

■青蓮院（しょうれんいん）
〒605-0035 京都市東山区粟田口三条坊町 電話：075-516-2345
地下鉄東西線「東山駅」から徒歩五分
京都駅前バスターミナルから市バス5で「神宮道」下車徒歩三分
【ひとくちメモ】
青蓮院は、粟田口御所、東山御所ともいわれた。境内に一本、長屋門、四脚門に沿ってそびえている四本の大楠は京都市の天然記念物で、親鸞聖人のお手植えとの伝説もある大樹。青蓮院から南へ、清水寺までの道は見どころも多く、おすすめの道。

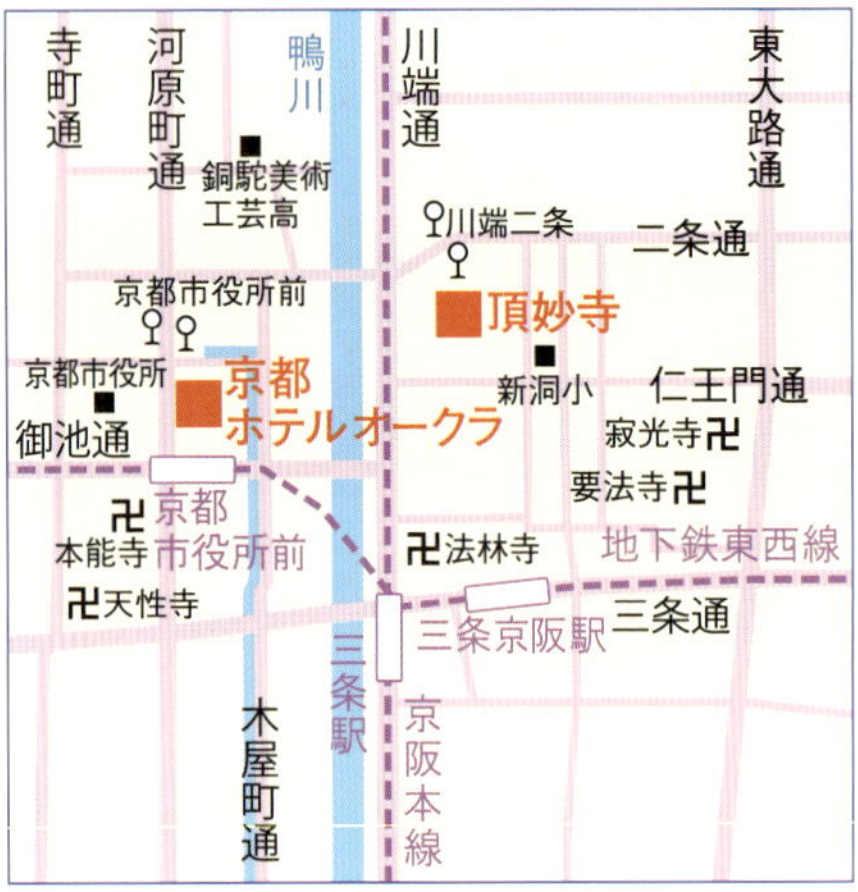

■都ホテル（みやこホテル）**（現・ウェスティン都ホテル京都）**
〒605-0052　京都市東山区粟田口華頂1（三条けあげ）
電話：075-771-7111
地下鉄東西線「蹴上駅」からすぐ
三条京阪駅前バスターミナルから京阪バス17・19で「蹴上」下車すぐ
京都駅八条口より無料送迎バスあり

■京都ホテルオークラ（きょうとホテルオークラ）
〒604-8558　京都市中京区河原町御池　電話：075-211-5111
地下鉄東西線「京都市役所前駅」と直結（「京都駅」より地下鉄烏丸線「烏丸御池駅」乗換、地下鉄東西線「京都市役所前駅」下車、ホテル地下二階と直結）
京都駅前バスターミナルから市バス205・17・4で「京都市役所前」下車すぐ
【ひとくちメモ】
東山魁夷は、建て替え前のホテルの屋上から《年暮る》を描いた。その当時、すでに手前の町屋は往時の姿をとどめておらず、以前のスケッチによって補った。ホテルから東方向の眺め。手前に見える鴨川に沿って川端通り。民家の奥に寺町があり、奥に見える寺院は聞法山頂妙寺（三条京阪駅から徒歩十分）。ホテルの近くには本能寺があり、川端康成所有の国宝《凍雲篩雪図》を描いた浦上玉堂と長男春琴の廟所がある。

■聞法山頂妙寺（もんぽうざんちょうみょうじ）
〒606-8376　京都市左京区大菊町96　電話：075-771-0562
京阪本線「三条駅」・地下鉄東西線「三条京阪駅」から徒歩十分
四条烏丸バスターミナルから市バス32で「川端二条」下車すぐ
【ひとくちメモ】
《年暮る》に描かれた鴨川と寺院の堂宇《どうう》の間の町屋は様変わりをしているが、大きな屋根の堂宇などは当時のままの姿をとどめている。

洛北から比叡山

寺の塀　1964−66年

一休のゐた京都紫野の大徳寺は、今日も茶道の本山のさまですし、一休の墨蹟も茶室の掛け物として貴ばれてゐます。私も一休の書を二幅所蔵してゐます。その一幅は、「仏界入り易く、魔界入り難し。」と一行書きです。私はこの言葉に惹かれますから、自分でもよくこの言葉を揮毫《きがう》します。意味はいろいろに読まれ、またむづかしく考へれば限りがないでせうが「仏界入り易し」につづけて「魔界入り難し」と言ひ加へた、その禅の一休が私の胸に来ます。究極は真・善・美をめざす芸術家にも「魔界入り難し」の願ひ、恐れの、祈りに通ふ思ひが、表にあらはれ、あるひは裏にひそむのは、運命の必然でありませう。「魔界」なくして「仏界」はありません。そして「魔界」に入る方がむづかしいのです。心弱くてできることではありません。

『美しい日本の私』川端康成より

砂紋　1964–66年

三玄院露地　1964-66年

大徳寺の塔頭《たつちゆう》、聚光院の玄関に、水原が立つと、黒い犬が二頭、人より先きに奥から出て来た。（中略）

部屋に通つて、改めてあいさつをすませると、奥さんは立つて行つて、

「なんにも御馳走がありませんから、お花なりと……。」

さう言ひながらもどつて来た。

青竹の花立に、大輪の白椿が三輪はいつてゐた。

水原は清潔な純白を感じた。（中略）

「方丈の庭の大椿も花盛りですか。もう盛りは過ぎたでせうね。」

と水原は言つて、その大椿の向うに、叡山が借景になつてゐる庭を思ひ浮かべた。

『**虹いくたび**』**川端康成**より

老師はひげばうばうのなかに、そろつた歯を見せて、

「(中略)、大徳寺の建築も、戦争このかた、老人の歯のやうに、はうばうがたがたぶらぶらで、これでもう十年たちますと、見る影もなくなるでごわせうよ。」

今どきの子供がいかに寺を荒らすかと、奥さんも腹立たしさうに訴へた。野球の被害がもつとも大きいと言つた。

「御門の国宝の桃山の鳥かて——、ボオルをぼんぼんぶつけよつて、羽もなにも取れてしもて、あらしません。首もどこへ飛ばされたのかわからへん。」

『虹いくたび』川端康成より

高桐院

初紅葉　1968年

京都は今描いといていただかないとなくなります、京都のあるうちに描いておいて下さい、と私は数年前しきりと東山さんに言つたものである。その私のねがひが、東山さんの「京洛四季」のみごとな連作大成に、いささかの促しになつたのは、私の幸ひ、よろこび、言葉につくせない。はじめてそれを東山さんに言つたころ、私は京の町を歩きながら、山が見えない、山が見えない、とわれにもなくつぶやきつづけてかなしんでゐたものだ。みにくい安洋館が続々と建ちはじめて、町通りから山が見えなくなつたのである。山の見えない町なんて、私には京都ではないと歎かれた。今はもう山の見えぬ京の町にも慣れた。しかし、都のすがたしばしとどめんとは、今日もなほねがふ。「京洛四季」の東山さんの数々の絵は、都のすがたとはにとどめん、になつてもらへるであらう。この「京洛四季」の生まれには私の宿望もあり、また東山さんの日ごろの厚誼にあつて、気随の文章を寄せさせてもらつた。高桐院やそのほか私のよく訪れた景の絵が多く、殊に「北山初雪」と「周山街道」は私のゆかりのところ、東山さんの絵の北山杉の群れは私の目に親しみ深く（後略）

『京洛四季』序文「都のすがた――とどめおかまし」川端康成より

あぶり餅　1964−66年

光悦寺
鷹ヶ峰

春静　1968年

秋寂び　1968年

片しぐれ光悦垣のもみぢかな

今年の光悦会の本席に、覚々斎の発句銘の茶杓「片しぐれ」を見て、「片しぐれ」といふ言葉を知り、光悦会のころの秋たけた京をまさにとらへた言葉と感じ入つて、一句戯れた。しかし、その日は北山の方にさへ片しぐれもない小春日和だつたから、この句は「片しぐれ」つかつてみたさのつくりごとである。けれども、光悦垣の真前の牀机《しやうぎ》に、私は長いこと腰かけて、焚火《たきび》にあたたまりながら、友だちや茶人や茶道具屋たちと閑談して、昼の弁当もしたためた。光悦垣は前に萩、うしろにもみぢで、東山さんの絵そのままであつた。私は目の前実景とともに目に残る東山さんの「秋寂び・光悦寺」の絵をながめてゐた。その垣の向うの奥に行くと竹があつて、東山さんの絵の竹の色と、私は妻にささやいた。そして、光悦寺から大河内山荘（伝次郎氏の遺邸）を訪ねるのに、野々宮の横の小路に深くはいると、ここにはまだ嵯峨の竹林が残つてゐて、東山さんの竹の色があつた。この西山から東の詩仙堂に行つた。山茶花は花盛りを過ぎかけてゐたが、また美しい夕映えと入日の時で、

詩仙堂山茶花に夕日西山の

これも「夕日西山の」か「夕日に向ひたり」か、どちらがよいかわからない。満樹の花の白さと古木の大きさは、贋《にせ》俳人の句にはいらない。「京洛四季」の東山さんの竹林、「夏に入る」は「山崎辺」とある。その山崎、向日町《むかうまち》あたりの竹林もやたらと宅地造成に掘りかへされ切りひらかれて、京都の味の筍の産地もなくなつてゆくと、この秋の京都で私は聞いた。嵐山の松が何千本か枯れるにまかせられたと、大河内山荘の伝次郎氏夫人から聞いたのは、去年のことであつた。来るたびに私は「看都満眼涙」である。

『京洛四季』序文「都のすがた——とどめおかまし」川端康成より

京都はしぐれの秋で、今日もしぐれごこちだつた。
大徳寺の横を過ぎて振りかへると、比叡山のいただきは薄い雨雲にかくれてゐた。
光悦寺への道をきくために、車がとまつた。（中略）
田舎の町はづれのやうな道を、二人づれの婆さんが歩いて来た。
「ここ曲らはつたらよろし。鷹ケ峰やつたら、お茶会で、こんな自動車がいつぱい行きますがな。」（中略）
光悦寺の入口の前には、茶会がへりの人たちが、田舎風な家の軒下に、かたまつて立つてゐた。しぐれは降りやんでゐるやうだけれども、降りつづいてゐるやうな気がする。（中略）
光悦寺の本堂の前の受けつけに、父が会費を払つてゐるあひだ、松子は白い山茶花を見てゐた。庫裡の玄関脇の山茶花で、大木が卵形に刈りこま

れて、花ざかりだつた。（中略）

茶室は前の客がはいつてゐるので、朝井は松の木蔭に待ちながら、裏手の山を振り向いたが、

「おや。禿山になつてゐる。戦争で伐つてしまつたのかな。」と、気がついて言つた。

円みをゑがいた姿のいい二つの峰、光悦も朝夕にながめた小山である。戦争の前に来た時は、美しい緑につつまれてゐたやうに思ふ。その二つの峰を鷹ケ峰、鷲ケ峰と呼ぶとも言ひ、また、この光悦寺のある丘が鷹ケ峰だとも言はれる。（中略）

山二つかたみにしぐれ光悦寺、日かげればしぐれや来しと仰ぐ峰、というやうな句もあつて、禿山にしぐれてゐるのかゐないのか、朝井は掌をひろげてみてもわからぬほどだつた。

『**日も月も**』**川端康成**より

散り紅葉　1964−66年

緑潤う　1976年

夕涼　1968年

修学院雪庭　1964-66年

冬の庭　1964−66年

京は大きい都会としては、木の葉の色がきれいである。

修学院離宮のなか、また御所の松のむれ、古寺の広い庭の木々は別としても、木屋町や高瀬川の岸のしだれ柳の並木、五条や堀川のしだれ柳の並木などは、町なかにあつて、すぐ旅人の目につく。ほんたうにしだれ柳である。みどりの枝が、地につきさうに垂れて、いかにもやさしい。やはらかな円みをゑがいてつらなる、北山の赤松などもさうである。

ことに、今は春である。東山の若葉の色模様も見える。晴れてゐれば、叡山の若葉の色模様ものぞまれる。

木のきれいなのは町のきれいさ、町の掃除のゆきとどいてゐるせゐだらう。祇園などでも、奥の小路にはいると、薄暗く古びた小さい家がならんでゐるが、路はよごれてゐない。

『古都』川端康成より

門　1964−66年

芹生峠

谿紅葉
1968年

秋深し　1969年

比叡山

この文章を書いてゐる都ホテルの日本間や浜作の日本食堂は近ごろなじみだが、その窓は東山、そして比叡山に対《むか》つてゐる。「東山如熟友　数《しばしば》見不相厭」と頼山陽の詩句にあり、

熟友の東山浮ぶ霧明けて

「東山浮ぶ」か、「東山ほのか」か、俳句知らずの私にはやはりわからない。とにかく実景ではある。このごろ、夜明け前に早起きの私は、「京洛四季」の「あかつき・比叡山」を毎朝のようにながめる。「京洛四季」の前の東山さんの連作展は北欧であつたが、はからずも私は近くストックホルムに旅立つて、ルシア祭のクウイン、ミス・スエエデンの冠の上の蝋燭に火をともす役を恵まれたのも、東山さんとの浅からぬ所縁であらうか。東山さんの絵は北欧の旅行きの強いよろこびから、日本のふるさと帰りの、なつかしくあたたかいみやびの清新自由が、こんどの「京洛四季」である。そのあひだに新皇居の大壁画などもあつた東山さんの絵の進みは見る人の目が知らう。

『京洛四季』序文「都のすがた――とどめおかまし」川端康成より

曙　1968年

魁夷

やはらかい草に寝ころんで、肘枕をしながら、比叡山などをながめてゐた。五月のぬくもりである。比叡山には薄もやがかかつてゐたし、木々の新芽の色があざやかにちがふ季節はもう過ぎてゐたけれども、楠の葉などはまだみづみづしい若みどりを見せてゐた。

『たまゆら』川端康成より

平安王朝のむかしから、京都では、山といへば比叡山、祭りといへば加茂の祭りであつたらしい。
五月十五日の、その葵祭もすぎた。

『古都』川端康成より

■**大徳寺・三玄院**（だいとくじ・さんげんいん）
〒603-8231　京都市北区紫野大徳寺町53　電話：075-491-0019
京都駅前バスターミナルから市バス205・206で「大徳寺前」か「建勲神社前」下車徒歩五分

【ひとくちメモ】

大徳寺は、鎌倉時代末期に大燈国師宗峰妙超禅師が開山。応仁の乱で荒廃したのを一休和尚が復興した。織田信長の葬儀を営んだ豊臣秀吉が信長の菩提を弔うのに総見院を建立したことをきっかけに、多くの武将が塔頭《たっちゅう》を建立した。千利休は山門の二階に自身の像を安置して、秀吉に切腹を命じられた。東山魁夷が描いた《三玄院露地》の石畳は、自由に散策できる境内の足もとのあちこちに見ることができる。《寺の塀》は、大徳寺から高桐院を左にして今宮門前通を右に折れてすぐ、龍翔寺西側の土塀であろう。

■**高桐院**（こうとういん）
〒603-8231　京都市北区紫野大徳寺町73-1　電話：075-492-0068
京都駅前バスターミナルから市バス205・206で「大徳寺前」か「建勲神社前」下車徒歩五分

【ひとくちメモ】

高桐院は、大徳寺に数多くある塔頭のひとつで、「敷き紅葉」が有名。細川忠興（三斎）が、父藤孝（幽斎）の墓所として建立。忠興は千利休の七哲の一人であることから、お茶と深い縁のある寺。川端康成の小説『虹いくたび』には、大徳寺とその塔頭である聚光院、総見院、龍翔寺、高桐院や弧篷庵が紹介されている。

■今宮神社（いまみやじんじゃ）
〒603-8243　京都市北区紫野今宮町21　電話：075-491-0082
四条河原町、四条烏丸、四条大宮の各バスターミナルから市バス46で「今宮神社前」下車すぐ
【ひとくちメモ】
今宮神社は、疫病を鎮めるための神社。東門の参道両側、東門に向かって右・北側に「一和」、左・南側に「かざりや」の二軒のあぶり餅屋が相対している。東山魁夷の《あぶり餅》は、「一和」の暖簾《のれん》越しに向かい側の「かざりや」の店先を描いたもの。

一和（いちわ）
〒603-8243　京都市北区紫野今宮町69　電話：075-492-6852
営業時間午前10：00～午後5：00　水曜定休

かざりや
〒603-8243　京都市北区紫野今宮町96　電話：075-491-9402
営業時間午前10：00～午後5：30　水曜定休

■光悦寺・鷹ケ峰（こうえつじ・たかがみね）
〒603-8466　京都市北区鷹峯光悦町29　電話：075-491-1399
四条大宮バスターミナルから市バス6で「鷹峯源光庵前」下車徒歩三分
【ひとくちメモ】
徳川家康から鷹峯の地を拝領した本阿弥光悦は、一族や知己を呼び集め、この地に芸術村を営んだ。光悦の死後、寺とされた。広い境内には茶室が点在し、緑も豊か。東山魁夷が描いたように「鷹ヶ峰」はすぐ近くに望まれ、寺域は静かに山に包まれている。また、《秋寂び》に描かれた光悦垣は太虚庵を囲んでおり、その前の小さな空き地には、垣に向かって長椅子がある。光悦の墓は、太虚庵を右にして、少し下った左奥にある。境内には楓が多く、《散り紅葉》に見られるように、紅葉で有名。

■修学院離宮（しゅがくいんりきゅう）

〒606-8652　京都市左京区修学院藪添　電話：075-781-5203

参観申込先：〒602-8611　京都市上京区京都御苑3　宮内庁京都事務所参観係　電話：075-211-1215

叡山電鉄叡山本線「修学院駅」から徒歩二十五分／京都駅前バスターミナルから市バス5で「修学院離宮道」下車徒歩十五分、「修学院道」下車徒歩十五分

【ひとくちメモ】

後水尾上皇が建てた修学院離宮は、江戸初期の代表的な山荘。現在の離宮は上・中・下の三つの部分から構成されており、各離宮は松並木で結ばれている。東側、北の上離宮が一番大きく、中央に大きな浴龍池《よくりゅうち》がある。池の中には中島があり、そこから千歳橋を渡ると大きな二個の石をいただく島・万松塢《ばんしょうう》に渡ることができる。中島は東の楓橋、北の土橋とで岸に通じている。池の南の高台には隣雲亭があり、遠く鞍馬・貴船・岩倉・愛宕の山々を背景にして京都の町並みが一望に出来る。東山魁夷の《緑潤う》と《修学院雪庭》は隣雲亭から池の中の万松塢を見おろした景色。《夕涼》《静涼》は浴龍池の「西浜」を土橋の上から描いたもの。《冬の庭》は中離宮の楽只軒《らくしけん》の前庭か、下離宮の遣り水あたりを描いたものか……。

■常照皇寺（じょうしょうこうじ）

〒600-0000　京都市右京区京北井戸字丸山14-6　電話：0771-53-0003

京都駅前バスターミナルからJRバス「周山」下車。ここから町営バスに乗り「山国御陵前」下車徒歩五分。京都駅から約二時間

【ひとくちメモ】

光厳天皇は、南北朝動乱のはじまりとなった南朝・後醍醐天皇と並立した初代北朝の天皇。時代の流れの中で翻弄され、晩年に出家し、この地に住んだのが常照皇寺のはじまりといわれている。江戸の初め、後水尾天皇が、美しさに感動して御車《みくるま》を返したとされる御車返しの桜や、天然記念物に指定された九重桜がある。常照皇寺には、下から總門、勅額門、勅使門の三門がある。東山魁夷の描いた《門》は最後の勅使門。

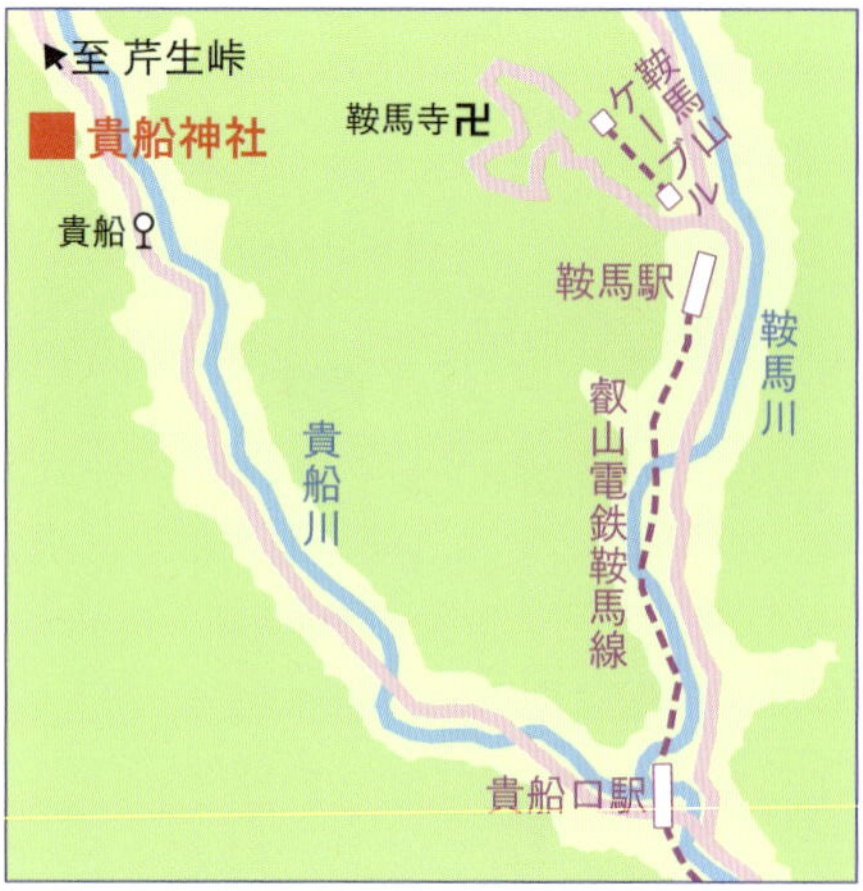

■芹生峠（せりゅうとうげ）

【ひとくちメモ】

貴船神社の北側、標高七〇〇メートルにある峠。芹生の里は、歌舞伎の『菅原伝授手習鑑《すがわらでんじゅてならいかがみ》』の「寺子屋」で、源蔵夫婦が菅秀才《かんしゅうさい》をかくまったとされるところ。

■貴船神社（きふねじんじゃ）

〒601-1112 京都市左京区鞍馬貴船町180　電話：075-741-2016
叡山電鉄「貴船口駅」から徒歩三十分
「貴船口駅前」から京都バス33で「貴船」下車徒歩五分

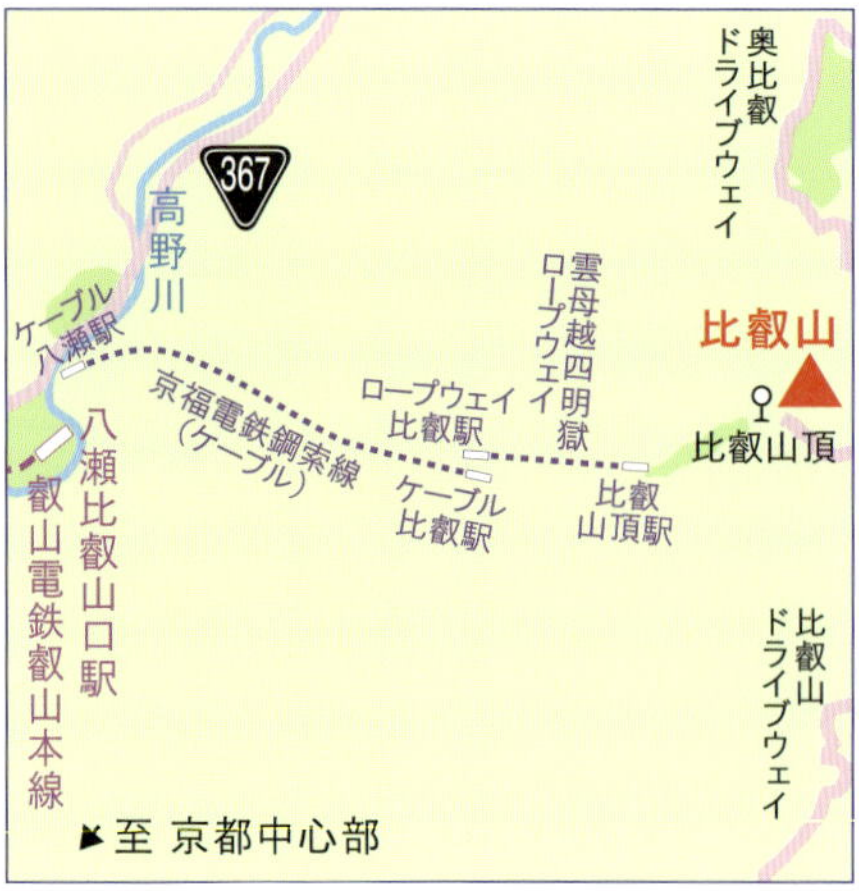

■比叡山（ひえいざん）

京都駅前バスターミナルから京都バス51・京阪バス57で「比叡山頂」下車。京都駅から約一時間十五分

【ひとくちメモ】

京都の町の東側、比叡山から伏見桃山までを東山三十六峰という。比叡山の山系は、ほとんど滋賀県に属している。

洛中

壬生狂言　1964–66年

千年を超える、古い都の京都には、一年中なにかの祭りがない日はないと言へるほどであらうか。

そして京見物の見ものとしては、知られぬ小さな社や寺、よそのものにはかくれたやうな社や寺、おもにさういふ社寺の、おほげさでない、ささやかな祭事や仏会が、毎日のやうにどこかにある、それらのうちには、むかしの古俗の名残りの見られるもの、古雅で素朴な趣きのあるものも多い……（後略）

『たまゆら』川端康成より

祇園ばやしは、かんたんに「こんこんちきちん」で通つてゐるが、じつは二十六通りあつて、それは壬生狂言のはやしに似、雅楽のはやしに似てゐると言はれる。

『古都』川端康成より

古道具屋　1964−66年

西陣の手織機《ておりばた》は、三代つづくのが、むづかしいとも言はれてゐる。つまり、手機は工芸のたぐひだからであらう。親がすぐれた織工、いはば技芸の腕があつたとしても、それは子どもに伝はるとは限らない。

『**古都**』**川端康成**より

二条城の石垣　1964−66年

温い十二日だつたのに、十三日はたちまち冷えた。しぐれの来さうな曇り空だつた。

二条城の近くの松並木の道を、二人の車が通る時には、傘をさしてゆく人も見え、小さい市電も少し濡れてゐるやうだつた。

「去年もしぐれてゐましたね。」（中略）

光悦寺で車をおりる時、松子は運転手から番傘を借りた。

『日も月も』川端康成より

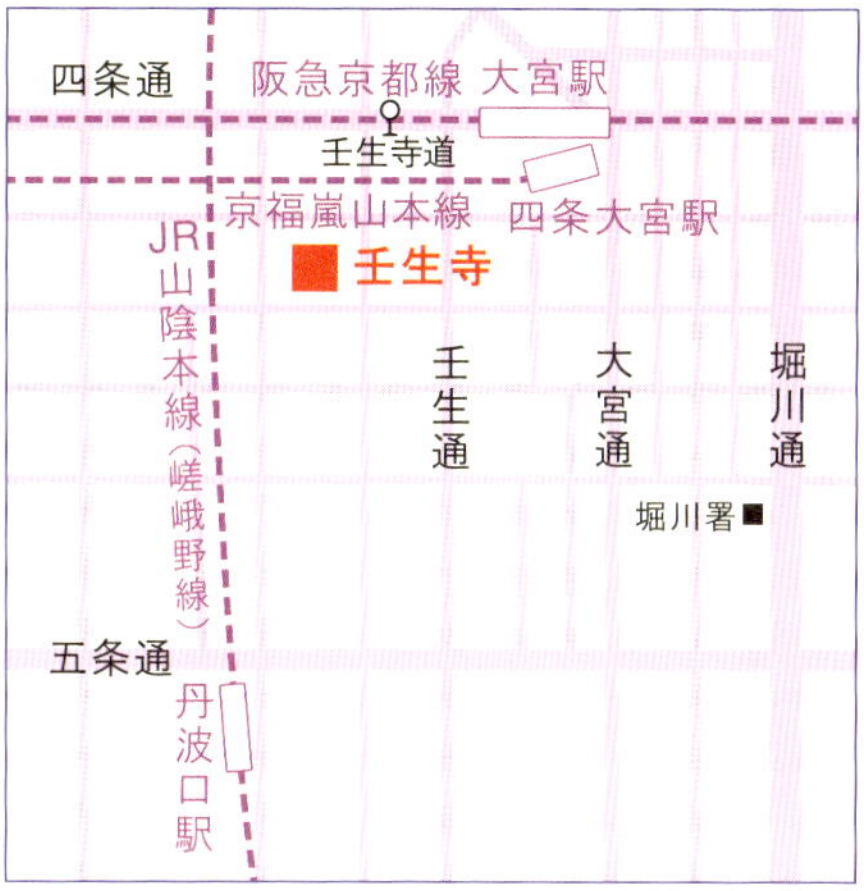

■壬生寺（みぶでら）

〒604-8821　京都市中京区坊城通仏光寺上ル壬生梛ノ宮町31　電話：075-841-3381

京福嵐山本線「四条大宮駅」・阪急京都線「大宮駅」から徒歩八分、ＪＲ山陰本線（嵯峨野線）「丹波口駅」から徒歩十分

京都駅前バスターミナルから市バス26で「壬生寺道」下車すぐ

【ひとくちメモ】

壬生狂言は京都壬生寺・本尊の延命地蔵菩薩に奉納される無言劇で、正しくは「壬生大念仏狂言」といい鎌倉時代から七〇〇年続いている。無形文化財。節分、四月末のほか、秋の特別公開の年三回行われる。演目は三十番。鉦《かね》と太鼓の単調な伴奏「カンデン　カンデン」の音から「壬生のカンデンさん」と親しまれている。東山魁夷の描いた場面は、三十番ある曲のうちの二十二番「焙烙割《ほうろくわ》り」で、二月の節分に家内安全を願って奉納された「焙烙」を、この狂言で二階にある舞台から下に投げて割ることにより、厄除け開運の利益を得るという。また、壬生寺は「壬生浪」といわれた発足まもない新撰組とゆかりが深く、芹沢鴨、河合耆三郎らの墓がある。

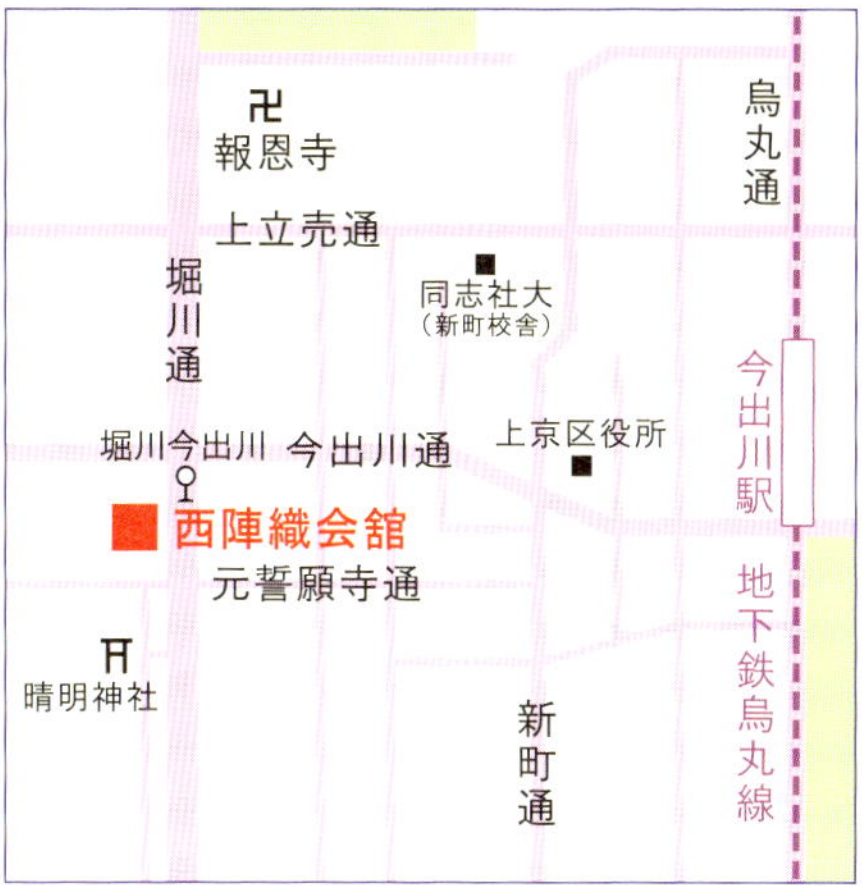

■西陣（にしじん）

【ひとくちメモ】

川端康成の『古都』のヒロイン千重子が育ったのは中京の呉服問屋で、千重子を慕う秀男は、西陣の織物職人。

西陣織会館

〒602-8216　京都市上京区堀川通今出川下ル　電話：075-451-9231

地下鉄烏丸線「今出川駅」から徒歩七分

京都駅前バスターミナルから市バス9・101で「堀川今出川」下車すぐ

【ひとくちメモ】

手織り、綴れ機の実演を見たり、西陣の伝統に触れたりすることができる。

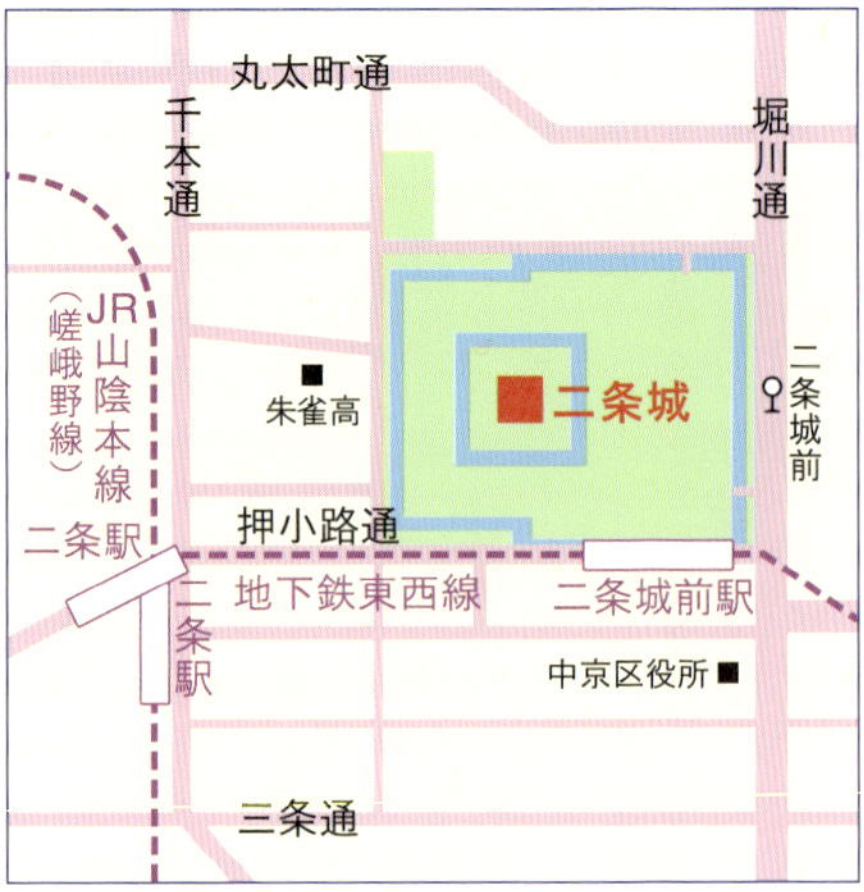

■**二条城**（にじょうじょう）［世界遺産］
〒604-8301　京都市中京区二条通堀川西入ル二条城町541　電話：075-841-0096
地下鉄東西線「二条城前駅」からすぐ
京都駅前バスターミナルから市バス9・50・101で「二条城前」下車すぐ

【ひとくちメモ】

関ヶ原の戦いの翌年、慶長六（一六〇一）年、徳川家康は西日本の諸大名に二条城の築城を課した。慶長八（一六〇三）年、現在の二の丸部分が完成。後、三代将軍・家光が手を入れ、寛永三（一六二六）年、現在の規模となった。

洛南から山崎

三宝院唐門　1964−66年

「この飛び石のならべ方も抽象かな?」と、真一は言った。

「日本の庭はみんな抽象とちがひますの? 醍醐のお寺のお庭の杉ごけのやうに、抽象、抽象て、やいやい言はれてると、かへつていややけど……。」

「さうやな、あの杉ごけはたしかに抽象やな。醍醐の五重の塔は、修理がすんで、落慶式や。見にいこか。」

「新しい金閣寺みたいに、醍醐の塔もならはつたんどすか。」

「あざやかな色に新しなつたんやろな。塔は焼けてへんけど……。解体して、もと通りに組み立てたんや。その落慶式が、ちやうど花の盛りで、えらい人出らしい。」

『**古都**』**川端康成**より

五重塔:昭和二十九(一九五四)年四月、国宝五重塔解体修理始まる。昭和三十四(一九五九)年竣工。昭和三十五(一九六〇)年四月、国宝五重塔解体修理落慶記念大法要厳修す。

谷崎潤一郎が「細雪」に豊かなうるはしさで書いてゐる、平安神宮の紅枝垂桜、また仁和寺の御室の桜などには、まだ早いのが残念であつた。しかし、醍醐の三宝院には足をのばし、娘たち三人は奥山にものぼつた。桜の花は多く、ほこりによごれてゐなかつた。

改修されたばかりの五重塔は、あざやかな色であつた。むかし、建立された時、法隆寺、東大寺にしろ、奈良の古寺は、みなかういふ中国風のあやにきらびやかな色彩であつたはずだ。仏像は金色まばゆかつたはずだ。秘仏では今でも、昔の色を少しくすませながらも残してゐるのがある。修理されたばかりの五重の塔の色に、あき子が日本らしい寂びも、ありがたさも失はれて、がつかりしたと言ふので、直木はそんな話をした。色にかかはりなく、若葉を背景にした、塔の姿を見定めるのがいいと教へた。

『たまゆら』川端康成より

夏深む　1968年

東福寺庭　1964−66年

魚鐸　1964-66年

伏見の酒倉　1964−66年

京の民家　1964-66年

街道の家　1964−66年

竹の声、桃の花が、自分のなかにあると思ふやうになつたのは、いつのころからであらうか。

今はもう、竹の声は聞えるだけではなく、桃の花は見えるだけではなくて、竹の声が見えたり、桃の花が聞えたりもする。

竹の声を聞きながら、そこには聞えてゐぬ松の声を聞くこともある。桃の花を見ながら、そのときは咲いてゐぬ梅の花を見ることもある。

『竹の声桃の花』川端康成より

夏に入る
1968年

木の葉ひとつ動かぬのに、竹のこずゑだけが揺れるともなく揺れてゐる。目にとめなければ見えないほどの、竹のいただきの細枝のそよぎに、直木はさきほどから目を向けてゐたのだつた。その竹の葉の揺れが直木にはひそかな音楽、遠い音楽のやうである。直木のほかに、見てゐる人はなく、聞いてゐる者はない。この二階座敷にゐる家族たちでさへ、誰も気づいてゐない。

直木が注意をうながしてみたところで、家族たちは竹の葉のささやかなそよぎなど、今はなんとも感じないかもしれぬ。また音楽とは思ふまい。

（中略）

直木にその竹の葉の音楽は、別れてゆく人か、去つてゆく時かのなつかしい名残りのやうでもあり、会ひに来る人か、近づいて来る時かのやさしい前ぶれのやうでもあつた。（中略）初めて娘を嫁にやる、その長女さち子にたいする父親の愛情が、やや広い庭のはづれに、人知れぬ音楽をかなでてゐるやうに、直木は竹の葉のそよぎをながめてゐたのだつた。さち子の母や二人の妹に、それが見えてゐなくとも、聞えてゐなくとも、見えて聞えてゐるのと同じことだと、父親として直木はさう思ひながらだまつてゐた。

『たまゆら』川端康成より

月影　1981年

車は茨木市や高槻市などの新しい工場のあひだを過ぎた。山崎あたりの山のなかに、サントリーの工場が照明で浮んで見えた。（中略）

車は京都の町にはいつた。五条通りを東に折れた。しだれ柳の枝がゆれるほどの風もないが、夕立のあとのせゐか、さうむし暑くはなかつた。しだれ柳の並木のみどりが、ふけかけた夜の広い通りの遠くまでつづく向うに、東山があつた。雲の垂れた夜で、山と空とははつきり別れてゐなかつた。しかし、この五条通りの西のはづれ近くで、太一郎にはもう京都が感じられた。

堀川を上つて、御池通りを日航の事務所に着いた。

『美しさと哀しみと』川端康成より

■**醍醐寺**（だいごじ）［世界遺産］
〒601-1325 京都市伏見区醍醐東大路町22 電話：075-571-0002
地下鉄東西線「醍醐駅」から徒歩十三分
山科バスターミナルから京阪バス22・24で「醍醐三宝院」下車すぐ

【ひとくちメモ】

国宝の五重塔や金堂、重文の舞楽図（俵屋宗達筆）などがある。三宝院の大玄関をはじめとし、ほとんどの建物は重要文化財に指定されており、とくに、表書院《おもてしょいん》と唐門《からもん》は国宝。庭園は特別史跡、特別名勝に指定されている。東山魁夷の描いた唐門は、朝廷からの使者（勅使《ちょくし》）を迎える時だけに扉を開いたとされ、桃山時代の作。枯山水の庭園は茶室「沈流亭」と本堂の間にあり、枯山水につづく「酒づくしの庭」は、白砂の盃に瓢箪《ひょうたん》型のみどりの杉苔だけで作られている。

■**勧修寺**（かんじゅじ）
〒607-8226 京都市山科区勧修寺仁王堂町27-6 電話：075-571-0048
地下鉄東西線「小野駅」から徒歩五分
山科バスターミナルから京阪バス29で「勧修寺」下車すぐ

【ひとくちメモ】

昌泰三（九〇〇）年、醍醐天皇の創建。東山魁夷が描いたのは、池泉舟遊式の「氷池園」の夏景色。池には大小三つの島が浮かび、平安の昔には船遊びをしたという。また、毎年一月二日、中央の氷室池に張る氷の厚さによってその年の豊凶を占ったともいわれる。現在は、池のほとんどを蓮の葉が覆っている。

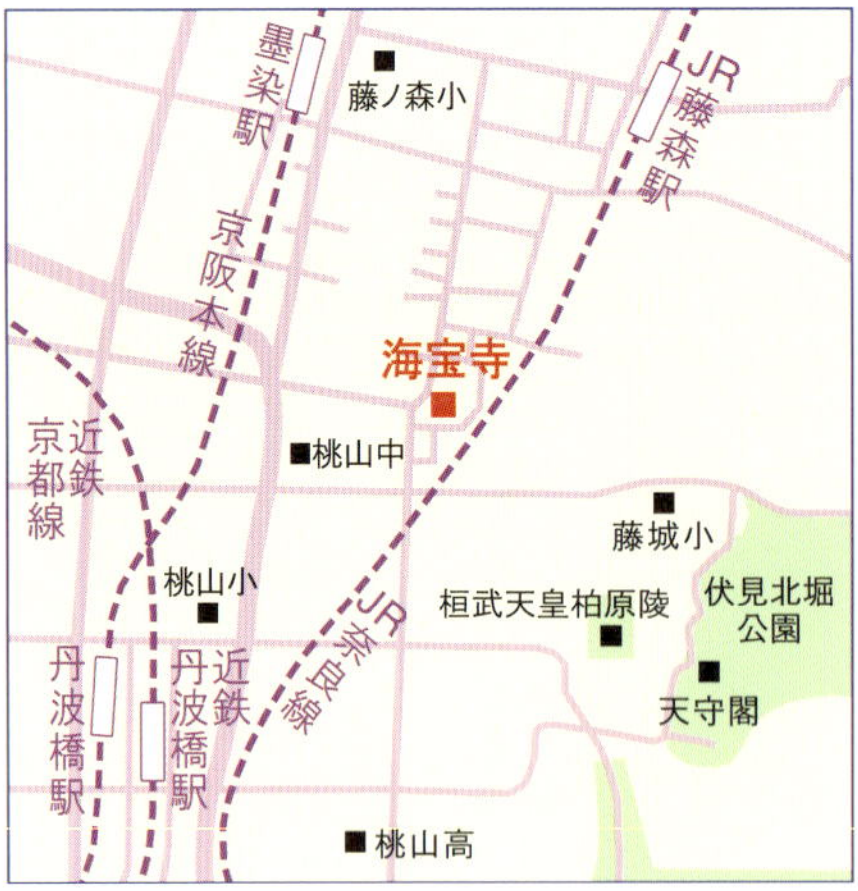

■東福寺（とうふくじ）

〒605-0981　京都市東山区本町15―778　電話：075-561-0087
JR奈良線・京阪本線「東福寺駅」から徒歩十分
京都駅前バスターミナルから市バス208で「東福寺」下車徒歩十分

【ひとくちメモ】

京都最大の伽藍をめざし、九条道家が創建し、東大寺の「東」と興福寺の「福」をとって「東福寺」と名づけたのが起源。現存最古の三門は国宝。そのほか、重要文化財なども多く、紅葉の名所。東山魁夷が描いたのは、昭和の作庭師重森三玲《しげもりみれい》が、昭和十四（一九三九）年東福寺の方丈の四囲に作庭した、枯山水式の「方丈内園八相庭」のうちのひとつで、「方丈北庭　小市松」。

■海宝寺（かいほうじ）

〒612-0856　京都市伏見区桃山町正宗20　電話：075-611-1672
JR奈良線「藤森駅」・京阪本線「墨染駅」「丹波橋駅」・近鉄京都線「近鉄丹波橋駅」から徒歩十分

【ひとくちメモ】

洛南七福神のひとつ、福禄寿。寺地は伊達家の居館跡といわれ、方丈前に豊臣秀吉遺愛の手水鉢がある。方丈襖絵として伊藤若冲の《海宝寺旧蔵群鶏図障壁画》（現在は京都国立博物館所蔵）があったが、若冲はこの襖絵以後、筆をとらなかったので、「若冲筆投げの間」とも呼ばれている。普茶料理で有名。「魚鐸」は「魚板《ぎょばん》・開梆《かいばん》」などともいい、刻限を報じるもので、木魚の原型ともいわれる。東山魁夷の描いた《魚鐸》は今も寺にあり、時を告げている。

■伏見（ふしみ）

【ひとくちメモ】

豊臣秀吉の伏見城築城をきっかけに、伏見の町は発展した。その後、江戸時代、高瀬川と淀川を利用して、伏見と大坂の間には三十石船が行き来するようになり、交通の拠点となった伏見には、大名屋敷・倉庫・旅籠が建ち並び、造り酒屋も急増した。「伏見」は「伏水《ふしみ》」といわれたように、良質の地下水に恵まれていた。しかし、伏見が海路に遠いことや、そのほかの事情があり、伏見の酒屋は没落し、鮒屋（北川本家）と笠置屋（月桂冠）の二軒が残った。さらに鳥羽伏見の戦いで多くの酒蔵が焼失した。だが、現在でも三十三の蔵元があり、多くの酒蔵が残っている。東山魁夷が描いた酒蔵は、東高瀬川沿いの松本酒造の酒蔵を原型としている。

松本酒造株式会社
〒612-8205　京都市伏見区横大路三栖大黒町7　電話：075-611-1238
京阪本線・京阪宇治線「中書島駅」から徒歩十五分、京阪本線「伏見桃山駅」・近鉄京都線「桃山御陵前駅」から徒歩十五分
京都駅前バスターミナルから市バス81で「京橋」下車徒歩五分、京阪本線「中書島駅」から市バス20で「三栖大黒町」下車すぐ

■鳥羽街道（とばかいどう）

【ひとくちメモ】

鳥羽街道は、京都から南方向へ進み、唯一名を残す京阪本線「鳥羽街道駅」から線路に沿って、現在の伏見区鳥羽を通り、淀川沿いに大阪の淀まで通ずる街道。京都を出て、上鳥羽のあたりは、鴨川・桂川・西高瀬川の三川が合流するところで洪水に襲われることも多く、街道の両側には、少し高い石段の上に建っている民家を見ることができる。明治維新の行く先を決定的にした鳥羽伏見の戦いで薩摩軍が砲列をしいたのは、現在の鳥羽離宮公園の一画にある「秋の山」といわれる小高い場所。このあたりには鳥羽伏見の戦いの銃弾の跡を残す民家もある。「鳥羽離宮跡」は、地下鉄烏丸線・近鉄京都線「竹田駅」から徒歩十五分。東山魁夷が描いた民家は特定できないが、「鳥羽街道」沿いの民家だと思われる。

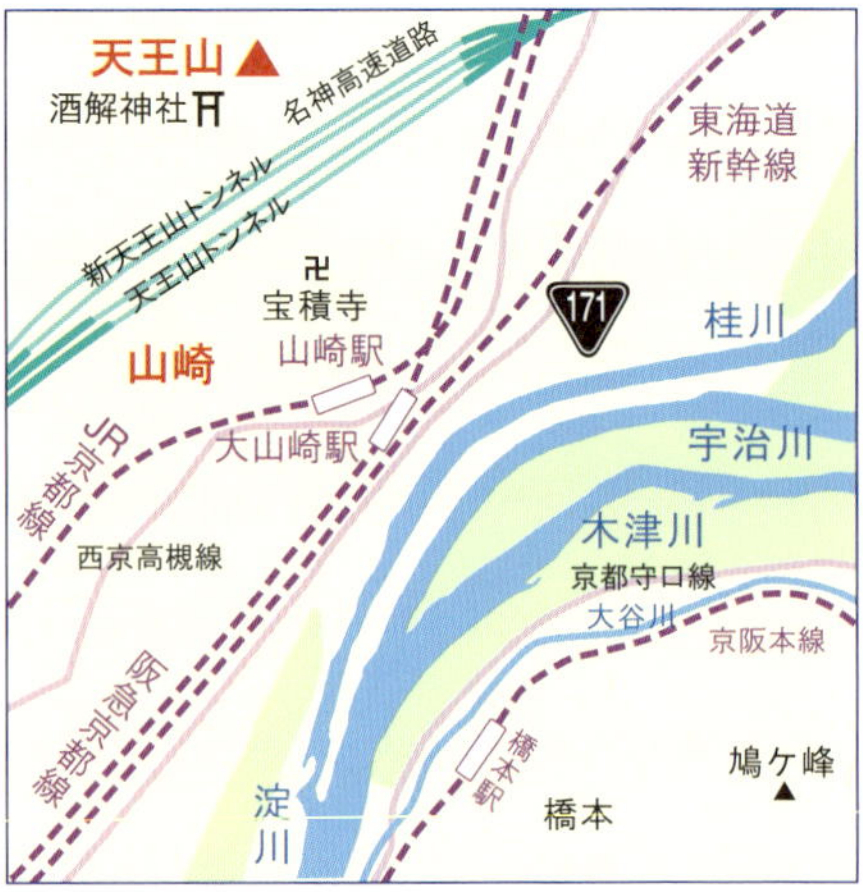

■山崎（やまざき）

【ひとくちメモ】

山崎の南で、宇治川・木津川・桂川の三つの河川は合流し、淀川となる。天王山とこれらの河川に挟まれた山崎は、織田信長を討った明智光秀と、西国から駆けもどった羽柴秀吉との決戦の地となった。『仮名手本忠臣蔵』のうち、お軽《かる》と勘平《かんぺい》の悲恋の顛末を描いて有名な「五段目　山崎街道」も、この地を舞台にしている。室町時代の連歌師山崎宗鑑も、この地に住んでいたと伝えられる。山崎にある天王山（標高二七一メートル）へは、阪急京都線・JR東海道本線「山崎駅」から天王山ハイキングコース「秀吉の道」の登山口にある山崎宗鑑冷泉庵跡、宝積寺《ほうしゃくじ》を経て、山頂まで五十分。向日町、長岡、山崎とかつて続いていた竹林も少なくなった。東山魁夷が描いた竹林は特定できないが、天王山には今でも見事な竹林がある。京都の西南の山崎は大阪との境。大阪に入ってすぐのところに、川端康成が両親を失った後、祖父母に育てられた茨木がある。

洛西から周山街道

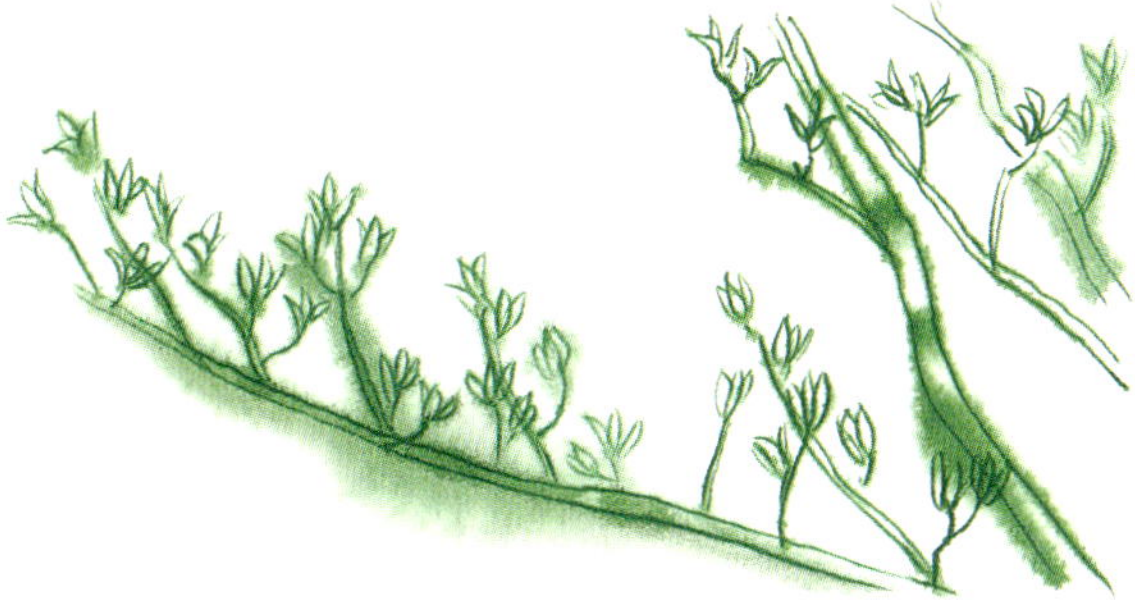

冬の花　1962年

「古都」は昭和三十六年十月八日から三十七年一月二十七日まで、百七回、朝日新聞に連載した。（中略）

口絵の東山魁夷氏の「冬の花」（北山杉）は、三十六年の私の文化勲章のお祝ひにいただいたものである。「冬の花」といふ画題は「古都」の終章の見出しにちなみ、作中にある北山杉を描いて下さつたのである。三十七年の二月、東大沖中内科の私の病室へ、東山氏夫妻がこの絵を持つて来て下さつた。病室で日毎ながめてゐると、近づく春の光りが明るくなるとともに、この絵の杉のみどり色も明るくなつて来た。――今、東山氏は北欧旅行中なので、私は東山氏のゆるしもなく「冬の花」を巻頭のかざりとさせてもらふのである。私の異常な所産「古都」の救ひとしてとの心もあつて……。

新潮社版『古都』あとがき　川端康成より

千重子は、苗子が耳を澄ますのに、

「しぐれ？　みぞれ？　みぞれまじりの、しぐれ？」と聞いて、自分も動きをとめた。

「さうかしらん、淡雪やおへんの？」

「雪……？」

「静かどすもん。雪いうほどの、雪やなうて、ほんまに、こまかい淡雪。」

「ふうん。」

「山の村には、ときどき、こんな淡雪がきて、働いてる、あたしらも気がつかんうちに、杉の葉のうはべが、花みたいに白うなつて、冬枯れの木の、それはそれは細い細い枝のさきまで、白うなることが、おすさかい。」と、苗子は言った。「きれいどつせ。」

「…………。」

「すぐ止むこともおすし、みぞれになることも、しぐれになることもおすし……。」

『古都』川端康成より

京都の自然、風景を、東山さんが見つけて描いたのだが、京都の自然、風景があつて、東山さんを待つてゐて、そのめぐりあひが絵を産んだとも言へる。しかし、その東山さんの作画の用意、集中、持続は尋常でないのは、あまりに明らかである。抑制もゆきとどいてゐる。その一方、刻々に変化する自然の束の間の美は生かす。例へば「京洛四季」の「北山初雪」、これを北山に住む林業家の幾人もが見て、このやうな感じの雪景は、一年に一度か二度あるかなし、しかもその時間は極めて短い、それをよく捉へたと、声を合せて讃へた。

『東山魁夷代表画集』「東山魁夷私感」川端康成より

北山初雪
1968年

北山杉は、じつにこずゑの方まで、枝打ちしてあつて、千重子には、木末に少し、まるく残した葉が、青い地味な冬の花と見えた。（中略）

じつに真直ぐな幹の木末に、少し円く残した杉葉を、千重子は、「冬の花」と思ふと、ほんたうに冬の花である。

たいていの家は、軒端と二階とに、皮をむき、洗ひみがきあげた、杉丸太を、一列にならべて、ほしてゐる。その白い丸太を、きちやうめんに、根もとをととのへて、ならべ立ててゐる。それだけでも、美しい。どのやうな壁よりも、美しいかもしれない。杉山も、根もと下草が枯れて、真直ぐな、そして、太さのそろつた幹は、美しい。少しまだらな幹のあひだからは、空がのぞけるところもある。

「冬の方が、きれいやないの。」と、千重子は言つた。

『古都』川端康成より

青い峡　1968年

雪の後　1968年

山は高くも、さう深くもない。山のいただきにも、ととのつて立ちならぶ、杉の幹の一本一本が、見上げられるほどである。数寄屋普請に使はれる杉だから、その林相も数寄屋風なながめと言へるだらうか。

ただ、清滝川の両岸の山は急で、狭く谷に落ちてゐる。雨の量が多くて、日のさすことの少ないのが、杉丸太の銘木が育つ、一つの原因ともいふ。風も自然にふせげてゐるのだらう。強い風にあたると、新しい年輪のなかのやはらかみから、杉がまがつたり、ゆがんだりするらしい。

村の家々は、山のすそ、川の岸に、まあ一列にならんでゐるだけのやうだ。（中略）

丸太をみがいてゐる家があつた。水にひたした丸太をあげて、菩提の砂で、女たちがていねいにみがいてゐる。樺色の粘土のやうに見える砂で、菩提の滝の下から取つてくるのださうである。

『古都』川端康成より

北山杉の中川北山町には、国鉄と市と、二つのバスが通つてゐる。市バスは、京都市（ひろげられた）の、北はづれの峠までで、引き返すらしいが、国鉄のバスは、遠く福井県の小浜まで、のびてゐる。

小浜は小浜湾の岸べ、さらに、若狭湾から、日本海にひらけてゐる。

冬のせゐか、バスの客は多くない。

『古都』川端康成より

竜安寺塀　1964–66年

雪の石庭　1964−66年

京都の寺院の石組みの庭は、いくつか今に残つて知られてゐる。西芳寺の石庭、銀閣寺の石庭、竜安寺の石庭、大徳寺大仙院の石庭、妙心寺退蔵院の石庭などが、その主なものであらうか。なかでも、竜安寺の石庭はあまりに名高いどころか、禅学的にあるひは美学的に、ほとんど神格化されてゐると言つていいだらう。もちろん理由のないことではない。くらべるもののない名作であるし、まとまつてもゐる。（中略）

竜安寺の石庭の石も雨に濡れて石おのおのの色をあらはしてゐた。

「古伊賀の花生けをお茶席へ入れる時に、濡らしておくでせう。あれとおんなじね。」

『美しさと哀しみと』川端康成より

嵐山

麗春　1990年

「嵐山から嵯峨の方へ行きませうか。嵐山といふと、桜やもみぢの混雑が頭に浮かんで、俗な名所のやうですが、人のゐない冬に行つてみると、やはりいいところだと思ひますよ。今年の五月でしたか、天龍寺の庭のうしろから、亀山公園に登つて、小倉山の峰づたひに、北嵯峨へ抜ける路を、一人で歩いたことがありました。」（中略）

「赤松の色がきれいですわ。葉みどりが紺に濡れてゐるやうですわ。」

川の左岸に松がならび、右にはまばらな松原があつた。百子はその松を見てゐるのだが、川向うの嵐山にも赤松は多く、うしろの亀山、小倉山も松山であつた。

川下の枯草の島に、二ところ煙があがつてゐた。

東山はその煙の上に見えた。

「すぐその下《しも》から、人堰川が桂川になるんですよ。上《かみ》は保津川でせう。嵐山の前で、水を堰きとめたところだけ、大堰川といふんだから……。」

『虹いくたび』川端康成より

土塀　1964-66年

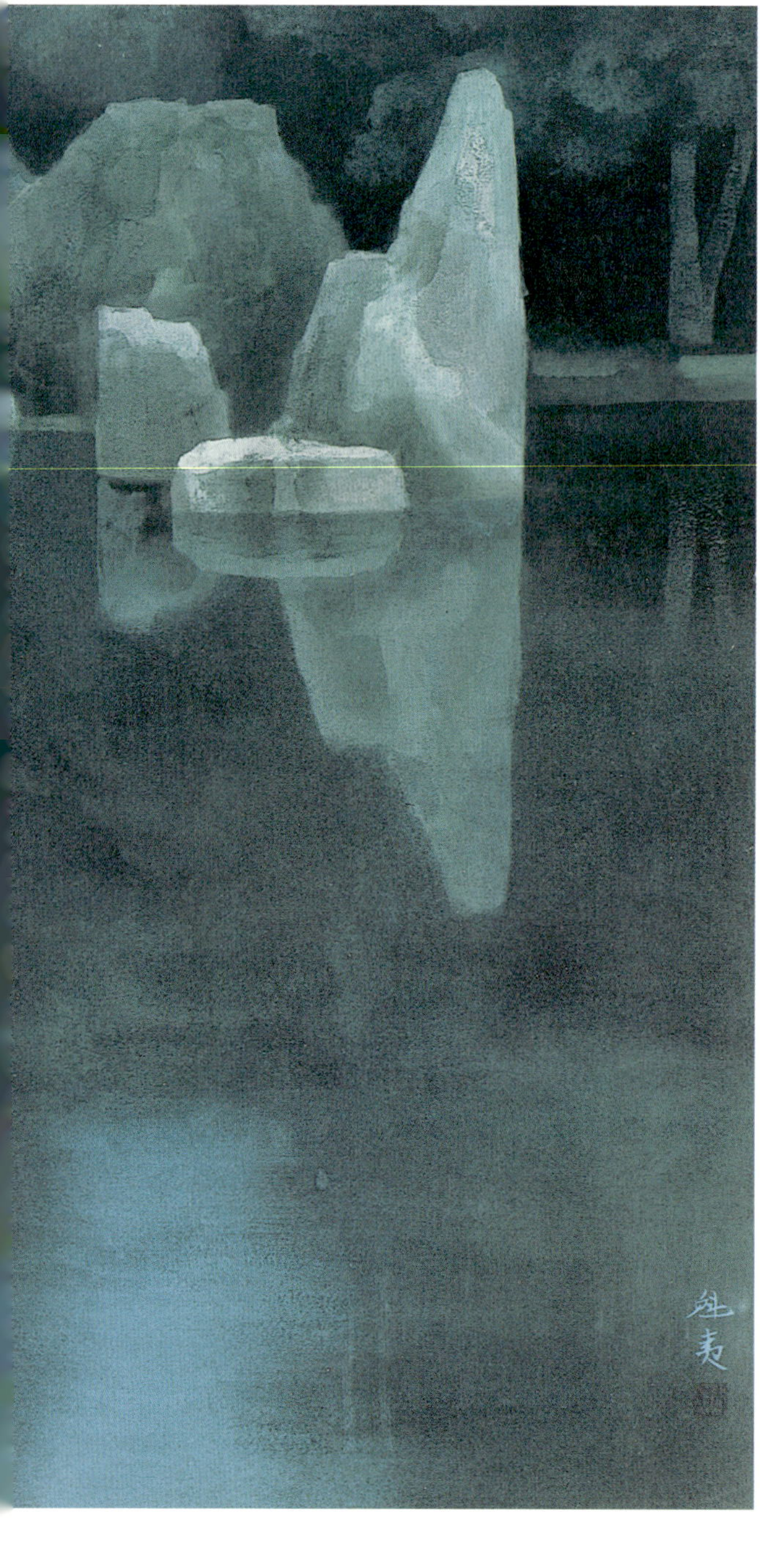

池澄む　1968年

青木はまた三船祭の話をした。王朝の大宮人が詩、歌、管絃と三つの船で遊んだ風流をしのんで、新緑のころに船祭をもよほすのだといふ。もみぢのころには、天龍寺船や角倉船を出すこともあるといふ。

『虹いくたび』川端康成より

小倉山

秋彩　1986年

「小倉山の裾に、定家がゐたにはちがひないんですが、その時雨亭といふ山荘の跡は三ところあつて、どれがほんたうだか、よくわからないらしいですね。この二尊院の裏山と、隣の常寂光寺と、それから厭離庵と……。」

「厭離庵はあたしも先生につれて行つていただきました。」

「さうですか。あの尼寺には、定家が小倉百人一首を書くのに、硯の水に使つたといふ井戸までありますね。」


『美しさと哀しみと』**川端康成**より

小倉山が目の前にひろがつた。銅屋根の本堂がつつましいやうに静まつてゐた。

「あの左手の木がいいでせう。もちの古木で、西山の名木と言はれてゐるんですよ。」と太一郎は近づいて行つた。もちの木は老いのこぶで節くれ立つたやうな枝を、根もとから梢まで出して、青葉をしげらせてゐた。その枝々は短いが張りつめた力だつた。

「僕はこの古木が好きで、よくおぼえてゐたんですが、かうして見るのはなん年ぶりでせうかね。」

太一郎はもちの木のことを言つただけで、本堂にかかつた「小倉山」と「二尊院」との勅額についても、二尊院といふ寺の名の由来についても、なんの説明もしなかつた。

『美しさと哀しみと』川端康成より

嵯峨野

月篁　1967年

車が広沢池を通つて、向う岸の水にうつる姿のうつくしい松山をながめたあたりから、太一郎には、嵯峨野に宿る千年の歴史と文学とが風景として生きて来た。小倉山も池の岸から見えた。嵐山の前に低くなだらかである。野山のながめに誘はれる、太一郎の古典の思ひは、けい子がそばにゐるために、なほみづみづしくあふれるやうであつた。これで京都に来たと、太一郎は強く感じた。

『美しさと哀しみと』川端康成より

千重子の父の佐田太吉郎は、三四日前から、嵯峨の奥にかくれた尼寺に、かくしてもらつてゐた。

尼寺といつても、庵主は六十五を過ぎてゐる。その小さい尼寺は古都のことで、ゆゐしよはあるのだが、門も竹林の奥でみえないし、観光にはほとんど縁がなくて、ひつそりとしてゐた。

『古都』川端康成より

落柿舎　1964−66年

行く春　1968年

京都の郊外は美しいところが多い。

とりわけ嵯峨の静かな寂びが私は最も好きである。祇王寺のなかなぞは、静けさの音が降つてゐる。その寺から嵐山のほととぎす亭へ出る裏道がいい。深山の静かさとは全くちがつた静かさである。

『嵯峨と淀川堤』川端康成より

あだし野　1964-66年

千燈会　1964−66年

仇し野の念仏寺の千灯供養の夜だつた。嵯峨野の奥だつた。

無縁仏の墓じるしと言はれる小さい古びた石塔が、数知れずならんでゐて、無常感のただよふ西院の河原、その墓石の前に供養の「千灯」がともるのを見て、音子の母は涙ぐんだ。あたりが夜の闇のなかの弱いともし火の群れは石塔の群れにむしろはかなさを加へた。音子は母の涙に気づいたけれどもだまつてゐた。

二人が帰る里の道も小暗かつた。

「さびしいわね。」と母は言つた。「音子はさびしくないの？」

『美しさと哀しみと』川端康成より

「あたし、二尊院のなかにはいるのははじめて……。」（中略）

弁天堂の右手までもどつて、太一郎は高い石段を見あげると、

「けい子さん、のぼれますか、きもので……？」（中略）

「この上にあるんですの？」

「さうです。実隆《さねたか》の墓は、石段をのぼりきつたところなんです。」

（中略）

「これなんですよ。三条西家の墓なんです。右の端が実隆です。前内大臣実隆公と書いてあるでせう。」（中略）

「内大臣とか右大臣とかいふ人が、こんなお粗末な墓ですの？」とけい子は言つた。

「さうなんです。素朴な墓なのが、僕は好きなんです。」

名と官位を彫つた石が添へてなければ、仇し野の念仏寺に群がる、無縁仏の墓石となにも変りのない墓石であつた。苔むして古びて、土に通ひ、時にうづもれ、形があつてないやうな墓石であつた。それはなんにも言つてゐない。なんにも言つてゐないから、その墓石の遠いかすかな声を聞かうとするかのやうに、太一郎はうづくまつた。

『美しさと哀しみと』川端康成より

蔦もみじ
1964−66年

光悦会の終わりの日（十一月十三日）、（中略）光悦寺の四都の茶席をまはつた後、嵯峨の大河内山荘（大河内伝次郎氏の遺邸）を訪れ、詩仙堂に行つた。美しい京の秋の殊にめぐまれた美しい日和であつた。光悦寺のもみぢも見ごろであつた。

『茨木市で』川端康成より

松尾神社にて　1964-66年

雨降る池　1964−66年

春雨のためによかつたのは嵐山ばかりではなかつた。苔寺も竜安寺もさうだつた。苔寺の庭では、濡れて色のあざやかな青苔に、あしびの小粒の花が白く散り敷き、その青の上の白のなかに赤い椿が一輪落ちてゐたりした。椿は花の形をくづさないで上を向き、そこに咲き浮んだやうであつた。

『**美しさと哀しみと**』**川端康成**より

桂離宮書院
1964−66年

四条大宮から電車を乗り替へて、桂でおりた。

桂川の岸まで後もどりしなければならなかった。

「バスで来て、桂川の岸づたひに行つた方がよかつたですね。それだと離宮の竹垣に沿うて歩くんです。」

と、夏二は言つた。

しかし、麻子は麦畑のなかを歩いて、珍らしいのだつた。菜の花畑もあつた。雲雀の鳴いてゐるのも珍らしくて、空を見上げた。

京都としては、このあたりが平にひらけた土地で、近くの嵐山、小倉山の向うの愛宕山、それから遠くの比叡山まで、北山がつらなつて見晴らせるのだつた。東山は霞んでゐた。（中略）

桂離宮は竹の生垣にかこまれてゐる。その竹垣が竹林のやうに見える。

しかし、門のあたりには、太い竹と竹芝とを編んだ穂垣がつくつてある。

拝観人は御幸御門の右手の通用門からはいる。

そこに守衛の詰所がある。


『**虹いくたび**』**川端康成**より

桂の敷石　1964-66年

二人は先きに林泉をめぐることにしたが、萱葺の小さい小門の前に来ると、世に名高い真《しん》の敷石が、向うに見えるのに誘はれて、その御中門をくぐつた。

敷石は門からななめに御輿寄《みこしよせ》に通じてゐる。敷石の左右に飛石もあつて、これらの石の縁まで蔽ふやうに、緑の苔がふくらんでゐる。

「杉苔の花が咲いてる。」

「あら。苔の花が咲いてるわ。」

二人はいちどきに同じことを言つて、顔を見合はせた。

苔の花茎は絹糸よりも細いか、目には見えない。花もなにか小さい花の裸の雄蘂のやうに小さい。

その小さい花の群が苔の緑の上に浮かんでゐる。ほんたうに低く浮かんでゐる。

じつと浮かんでゐるが、よく見ると、揺れるともなく揺れてゐる。

こんなささやかなものに目をとめて、それを二人がいちどきに口に出したのは、その場の美しさに打たれたからだ。

しかし、二人ともその美しさは言葉に現はせなくて、そこに咲く苔の花のことを言つたのだ。感動の声であつた。（中略）

簡浄な玄関先に、苔の花の咲いてゐるのは、やさしい印象であつた。

（中略）

二人はなんとなく御輿寄まで、敷石を踏んで行つた。石段を上つて、沓脱石の前に立つた。六人の沓がならべられるといふので、六つの沓脱の名がある。

ここから見える壁は、みな京風の紅殻色である。庭との境の塀も紅殻色である。

その塀の潜りを出ると、月波楼《げつぱろう》だが、二人は御幸道に引きかへして、紅葉山の前からお庭にはいつた。

「蘇鉄《そてつ》が、こんなところにある。」

と、夏二は意外さうに言つた。

「島津家の献上ですつて。」

と、麻子は言つた。（中略）

「静かですね。水の音が聞える。」

「鼓の滝といふのでせう。桂川の水をお庭の池へ取つてゐる、その水の落し口でせう。」（中略）

亭を出ると、すぐに池の眺めがひらけて、小流れを渡つた。

「さつき水の音が聞えてゐた、鼓の滝ですね。」

と夏二は言つた。

「ええ、昔はもつときれいな水が、もつと滝らしい音を立てて、お池にはいつてゐたんですつて。お池は今のやうによどんでゐなかつたのでせう。」

と麻子は言つた。

夏二は池の汀へおりた。

そこには、天の橋立とか道浜とか言はれる小石敷が、池の中へ長く突き出てゐた。その鼻に小灯籠が立つて、池の向うは松琴亭である。

浜辺のおもむきをうつしたといふ。

天の橋立は円い小石を敷きつめてあるのだが、石のあひだから草が生えるとみえて、草取り婆さんがその黒い石を起して、草を抜いてゐた。(中略)

天の橋立から引きかへすと、路はまた木立にはいつた。

苔の上に椿の花が落ち、葉のしげりの隙間から、そとの竹がのぞかれた。

(中略)

路は小さい丘をのぼつて、その上が卍亭であつた。

四つの腰かけで、たがひちがひになつてゐて、四人が腰かけても、真向きに顔を合はせないですむ。その工夫で名高い。

おたがひの顔をみないで話が出来る。あるひは、だまつてゐることが出来る。

麻子と夏二とは、しばらくだまつてゐた。麻子にはふと、

——語られざる愛は必ず成る。

といふウイリアム・ブレイクの言葉が思ひ浮かんだ。

麻子はこのやうな言葉を信じない。

このやうな言葉を信じたくなるほどの愛の痛みには、まだ出会つてゐない。

しかし、忘れがたい言葉として、心にきざまれてゐる。

この静かな木の間では、なにか予言のやうに生きて来る。

麻子は黙つてゐるのが、息苦しくなつた。（中略）

卍亭の丘からおりて、大きい石橋を渡ると、松琴亭である。

長さ三間あまりの一枚岩で、加藤左馬之助の献上と伝へられ、白川石なので、白川橋といふ。（中略）

「智仁親王《としひとしんわう》のお妃が丹後の生れだから、お国の天の橋立がつくつてあるのですつて。」

夏二はその天の橋立を見ながら、石橋を渡つた。

松琴亭の深い庇にはいつて、二の間《ま》から上つた。

そこに坐つて、渡つて来た石橋のあたりの石組みを、しばらくながめてゐた。

左手の茶室へ行つて、二人はそこでも坐つてみた。

茶室から二の間を通つて、一の間へ来た。

床壁から二の間の仕切襖まで、水色と白の大柄な市松模様に、加賀奉書が張りまぜてあるのが、渋い座敷には派手で、大胆に奇抜な意匠として名高いのも、また狭い縁から土庇の下に突き出して、水屋棚とかまどがあるのも、この一の間だが、二人はだまつて坐つてゐた。

池は松琴亭の右から左へまはつてゐる。

しかし、一の間に坐つてながめると、右と左とは、池の景色がちがつてゐた。

水屋の右手に見えるのは、渡つて来た石橋のあたりからつづく石組みで、水よりも岩のきびしさだが、左手に見る蛍谷の方の池は、よどんだ水がじつと深くて、石の目につかないのが、水に広さを感じさせた。（中略）

麻子は夏二の目をさけるやうに、池の向うを見た。

高い杉の右と左に、月波楼と古書院とがあつた。

杉の梢は枯れてゐた。しかし、月波楼の前の生垣には、若葉がふき出してゐた。

『虹いくたび』川端康成より

麻子は東京にもどつてから、かへつて桂離宮の印象が強くなるやうに思へた。（中略）

麻子が新書院の一の間の写真を姉に見せて、

「ここの上段の間にも、ちよつと坐つてゐたのよ。」（中略）

一の間の九畳のうち、三畳を框《かまち》で一段高くしたのが、上段の間である。その上だけに、格天井が一段低くかかつてゐる。奥の壁には、名高い桂棚がある。

上段の間は、床の間を前へ引きのばしたやうに見えると、麻子は言つた。

麻子の坐つた附書院には唐桑の一枚板が低目に渡してあつて、書見の机代りにもなる。この甲板《かふいた》の下の小戸が取りはづせるのは、夏向き膝に風を通すためだといふ。

麻子が書見の姿でそこに坐つて、窓の障子をひらくと、夏二がそとから廊下の障子をあけてくれたのだつた。

庭木の若葉が窓いつぱいだつた。しかし、ここの庭木は明るくまばらで、窓からは少し離れてゐた。

『虹いくたび』川端康成より

月の出　1971年

「桜はもうあかんけど、北山杉が見たいわ。高尾から近おすやろ。北山杉のまつすぐに、きれいに立つてるのをながめると、うちは心が、すうつとする。杉まで行つとくれやすか。もみぢより、北山杉が見たうなつたわ。」

高雄の神護寺、槇尾《まきのを》の西明寺、栂尾《とがのを》の高山寺の、もみぢの青葉も、千重子と真砂子は、ここまで来れば、やはり見てゆくことになつた。

神護寺も高山寺も、急なのぼりである。（中略）

「きれいやなあ。」と、千重子は立ちどまつて、清滝川の方を見おろしながら、「みどりがもつと、むんむんするか思うてたけど、すずしいやないの。」（中略）

高山寺では、石水院の広縁から、向ひの山の姿をながめるのが、千重子は好きであつた。開祖、明恵上人《みやうゑしやうにん》の樹上坐禅の肖像画も好きであつた。床の脇に、「鳥獣戯画」の絵巻の複製が、ひろげてあつた。（中略）

真砂子は高山寺より奥へ行つたことがない。ここがまあ、観光客のとまりである。

千重子は父につれられて、周山まで花見に行き、つくしをつんで帰つた、思ひ出もある。つくしは太くて長かつた。そして、高雄まで来れば、一人でも、北山杉の村まで行く。

『古都』川端康成より

照紅葉
1968年

車は高雄に来てゐた。

「高雄は、どこへいてしもたんどつしやろ。」と、いふ客があつた。さう見えぬでもない。もみぢの葉は、ことごとく落ちつくして、木末のこまかい小枝に、冬があつた。

栂尾《とがのを》の下の、駐車場にも、車はまつたくなかつた。

苗子は働き着で、菩提の滝の停留所まで、千重子を迎へに出て待つてゐた。

『古都』川端康成より

麻子は父につれられて、高雄へもみぢの若葉を見に行つた。

神護寺の山をおりて、谷川を渡り、急な坂を登つて行くと、丸太を運ぶ女たちが、坂のなかほどに休んでゐた。十五六の娘、二十ばかりの娘二人、それに五十過ぎの女の四人だつたが、少女は見習のやうに細い材木で、重い丸太を運ぶのは、年よりの女だつた。

麻子たちもそこで一息するやうに、足を休めながら、女たちが丸太を頭にのせて立ち上るのを見てゐた。太い柱になりさうな杉は、重くもあるが長いので、頭で持ち上げるのはむづかしいやうだ。ちよつと時間がかかつた。


『**虹いくたび**』**川端康成**より

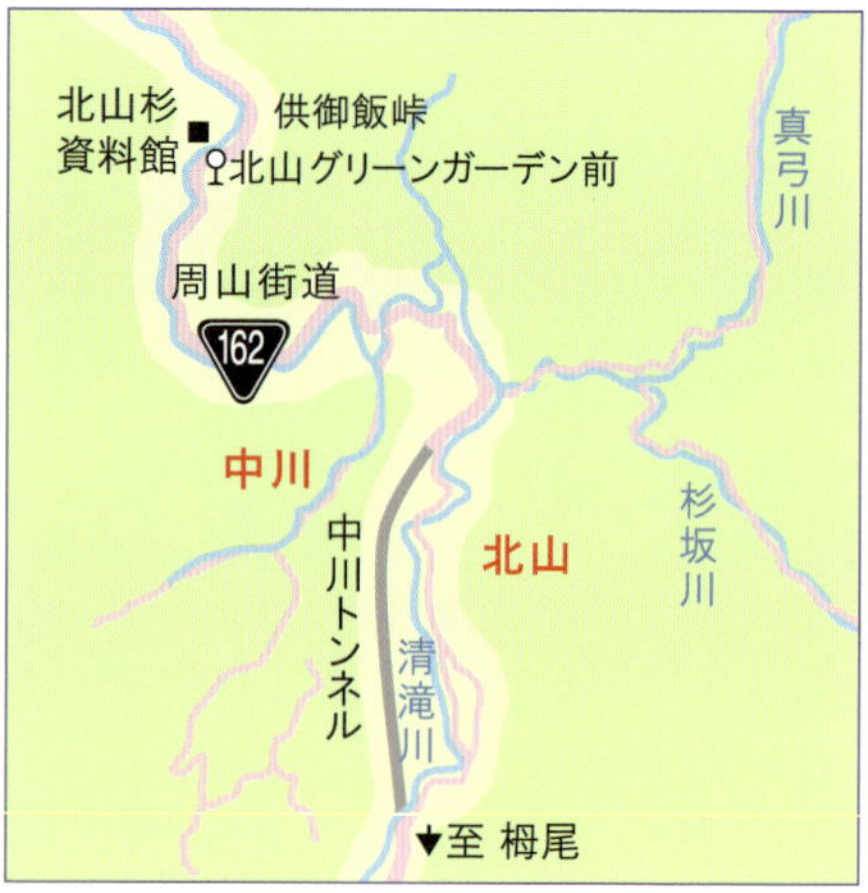

■**北山・中川**（きたやま・なかがわ）

【ひとくちメモ】

北山杉は室町時代初期から用いられはじめ、茶の湯の流行により、室町中期以降に盛んになった。桂離宮や修学院離宮、島原角屋等は北山丸太を使った数寄屋づくりの代表的建築。川端康成『古都』の文学碑が北山杉資料館にある。周山街道は一条通の延長で、京都から丹波への道のひとつ。栂尾から清滝川にそって北上し、京北町周山に至る。

北山杉資料館

〒601-0103　京都市北区小野下ノ町101　電話：075-406-2241

京都駅前バスターミナルからJRバスで「北山グリーンガーデン前」下車すぐ

■**竜安寺**（りょうあんじ）［世界遺産］

〒616-8002　京都市右京区龍安寺御陵下町13　電話：075-463-2218

京福北野線「竜安寺道駅」から徒歩十分

四条河原町バスターミナルから市バス12・59で「竜安寺前」下車すぐ

【ひとくちメモ】

東山魁夷の描いた《雪の石庭》は、別名の「虎の子渡しの庭」であまりにも有名。魁夷は右奥の二つの石を描いた。石庭の北は方丈、他方面は塀で囲われている。「龍安寺土塀」は、西・南の「油土塀」といわれる塀のこと。魁夷が描いた《龍安寺塀》は、絵の上部の瓦の形状から、南か西、おそらくは方丈正面の石組みを通して見た南側土塀を描いたものと考えられる。

嵐山・嵯峨野
鳥居本
大覚寺
大沢池
議法堂弁財天
八幡神社
観空寺
⑦化野念仏寺
議法堂弁天前
八体石仏
大覚寺道
有栖川
後亀山天皇
嵯峨小倉陵
檀林寺
⑥祇王寺
清凉寺
(釈迦堂)
宇多野嵐山山田線
③
小倉山
滝口寺
厭離庵
嵯峨釈迦堂前
④嵯峨野
宝篋院
久遠寺
清滝道
嵯峨小
二尊院
瀬戸川
⑤落柿舎
新丸太町通
常寂光寺
嵯峨小学校前
JR山陰本線(嵯峨野線)
嵯峨嵐山駅
トロッコ嵯峨駅
小倉池
正覚寺
法然寺
野々宮
野宮神社
嵯峨野観光鉄道(トロッコ列車)
トロッコ嵐山駅
松巌寺
慈済院
弘源寺
三秀院
嵐山妙見堂
大河内山荘⑧
京福嵐山本線
嵯峨駅前駅
大悲閣
(千光寺)
嵐山温泉
②天龍寺
天龍寺庭園
展望台
嵐山天龍寺前
嵐山駅
長慶天皇
嵯峨東陵
亀山公園
臨川寺
三条通
嵐山
渡月橋
嵐山公園
(中ノ島公園)
桂川(保津川)
①
嵐山公園
嵐山駅
阪急嵐山線
法輪寺
嵐山
岩田山公園

嵐山・嵯峨野地図①

嵐山・嵯峨野地図②

■嵐山（あらしやま）

嵐山公園

〒616-8386　京都市右京区嵯峨亀ノ尾町　電話：075-701-0124

京福嵐山本線「嵐山駅」から徒歩九分、ＪＲ山陰本線（嵯峨野線）「嵯峨嵐山駅」から徒歩十五分、阪急嵐山線「嵐山駅」から徒歩十一分

京都駅前バスターミナルから市バス28で「嵐山公園」下車すぐ

【ひとくちメモ】

通称亀山公園といわれる京都府立の公園。天龍寺に隣接し、大河内山荘、落柿舎も間近。

■天龍寺（てんりゅうじ）［世界遺産］

〒616-8385　京都市右京区嵯峨天龍寺芒ノ馬場町68　電話：075-881-1235

京福嵐山本線「嵐山駅」から徒歩三分、阪急嵐山線「嵐山駅」から徒歩十五分、ＪＲ山陰本線（嵯峨野線）「嵯峨嵐山駅」から徒歩十分

京都駅前バスターミナルから市バス28で「嵐山天龍寺前」下車徒歩三分

【ひとくちメモ】

足利尊氏が、夢窓国師を開山として、後醍醐天皇の菩提を弔うため創建した。東山魁夷が描いたのは、夢窓国師の作庭とされている「曹源池庭園」。寺域に国師が「篩月林《しげつりん》」と名付けた竹林跡があり、精進料理を供する「天龍寺　篩月」がある。《土塀》は天龍寺の塔頭「慈齋院」の土塀である。

天龍寺　篩月

〒616-8385　京都市右京区嵯峨天龍寺芒ノ馬場町68　電話：075-882-9725

営業時間午前11：00～午後2：00　年中無休

嵐山・嵯峨野地図③

嵐山・嵯峨野地図④

嵐山・嵯峨野地図⑤

■小倉山（おぐらやま）

【ひとくちメモ】

川端康成の小説に出てくる二尊院、常寂光寺、厭離庵は、いずれも小倉山の山裾にある。

・常寂光寺（じょうじゃっこうじ）〒616-8397　京都市右京区嵯峨小倉山小倉町3　電話：075-861-0435／京都駅前バスターミナルから市バス28、京都バス83で「嵯峨小学校前」下車徒歩十分／大河内山荘から徒歩五分

・二尊院（にそんいん）〒616-8425　京都市右京区嵯峨二尊院門前長神町27　電話：075-861-0687／京都駅前バスターミナルから市バス28、京都バス81で「嵯峨釈迦堂前」下車徒歩十分／落柿舎から徒歩五分

・厭離庵（えんりあん）〒616-8427　京都市右京区嵯峨二尊院門前善光寺山町2　電話：075-861-2508／京都駅前バスターミナルから市バス28、京都バス81で「嵯峨釈迦堂前」下車徒歩十分／二尊院から徒歩七分

■嵯峨野（さがの）

【ひとくちメモ】

嵯峨野には東山魁夷が描いた寺・庵などのほか、大覚寺・宝筐院・車折神社・清凉寺などが散在する。バスの便もあるが、京福嵐山本線「嵐山駅」、JR山陰本線（嵯峨野線）「嵯峨嵐山駅」、阪急嵐山線「嵐山駅」を起点として、見所を考えて歩いて廻ることができる。

■落柿舎（らくししゃ）

〒616-8391　京都市右京区嵯峨小倉山緋明神町　電話：075-881-1953

京福嵐山本線「嵐山駅」から徒歩十五分、阪急嵐山線「嵐山駅」から徒歩約二十分、JR山陰本線（嵯峨野線）「嵯峨嵐山駅」から徒歩十五分／京都駅前バスターミナルから市バス28、京都バス83で「嵯峨小学校前」下車徒歩九分／大河内山荘から徒歩十分

【ひとくちメモ】

松尾芭蕉の門人で、芭蕉十哲のひとり、向井去来の隠居所といわれる。東山魁夷が描いたのは土間入口で、架けられている蓑傘《みのがさ》は主人の在宅を知らせている。芭蕉はここを訪ね、『嵯峨野日記』を書いたといわれる。去来の墓は、落柿舎の北側すぐにある。

嵐山・嵯峨野地図⑥

嵐山・嵯峨野地図⑦

嵐山・嵯峨野地図⑧

■祇王寺（ぎおうじ）

〒616-8435　京都市右京区嵯峨鳥居本小坂町　電話：075-861-3574
京福嵐山本線「嵐山駅」から徒歩二十五分、JR山陰本線（嵯峨野線）「嵯峨嵐山駅」から徒歩二十分／京都駅前バスターミナルから市バス28、京都バス72で「嵯峨釈迦堂前」下車徒歩十五分／落柿舎から徒歩十分

【ひとくちメモ】

白拍子だった祇王は、平清盛の寵愛が仏御前に移ったため出家し、この地に庵を結んだことが『平家物語』に書かれている。東山魁夷が描いたのは苔に包まれた祇王寺の庭。川端康成の『嵯峨と淀川堤』の中の「ほととぎす」は筍料理で有名な老舗の料亭「時鳥《ほととぎす》」。（→178頁）

■化野念仏寺（あだしのねんぶつじ）

〒616-8436　京都市右京区嵯峨鳥居本化野町17　電話：075-861-2221
京福嵐山本線「嵐山駅」から徒歩三十五分、JR山陰本線（嵯峨野線）「嵯峨嵐山駅」から徒歩四十分／京都駅前バスターミナルから京都バス72で「鳥居本」下車徒歩三分

【ひとくちメモ】

空海が開山した五智山如来寺に、法然が念仏道場を開いたところから、念仏寺と呼ばれるようになったという。明治時代、化野に散在していた無縁仏などを集め、今日の形で供養することになった。東山魁夷の描いた《千燈会》は、毎年八月二十三～二十四日の地蔵盆に行われる千灯供養のこと。

■大河内山荘（おおこうちさんそう）

〒616-8394　京都市右京区嵯峨小倉山田渕山町8　電話：075-872-2233
京福嵐山本線「嵐山駅」から徒歩十分、JR山陰本線（嵯峨野線）「嵯峨嵐山駅」から徒歩十五分／京都駅前バスターミナルから市バス28、京都バス72で「野々宮」下車徒歩八分／天龍寺北口から竹林を抜けて徒歩五分

【ひとくちメモ】

映画俳優として一世を風靡《ふうび》した大河内伝次郎が、出演料の多くを割き、三〇年の歳月をかけて作り上げた庭園と建造物。回遊式庭園は二万平方メートルの広さがある。東山魁夷が描いた《蔦もみじ》のからまる垣は、今では伸びたつる草に覆われている。

■**松尾大社**（まつおたいしゃ）
〒616-0024　京都市西京区嵐山宮町3　電話：075-871-5016
阪急嵐山線「松尾駅」から徒歩二分
京都駅前バスターミナルから市バス28で「松尾大社前」下車徒歩二分
【ひとくちメモ】
京都最古の神社で、全国酒造家の信仰があつい。東山魁夷の描いたのは楼門に奉納された杓子《しゃくし》で、これで「すくわれる」という意味があるという。杓子には家内安全、商売繁盛などの願い事が書かれている。

■**西芳寺（苔寺）**（さいほうじ（こけでら））［世界遺産］
〒615-8286　京都市西京区松尾神ヶ谷町56　電話：075-391-3631
阪急嵐山線「上桂駅」・「松尾駅」から徒歩十五分
京都駅前バスターミナルから京都バス73・83で「苔寺」下車すぐ
【ひとくちメモ】
奈良時代、行基の開山と伝えられ、室町時代初期、夢窓国師が復興した。庭園は下段の池泉廻遊式庭園と、上段の枯山水の庭園の二つに分かれている。東山魁夷が描いたのは心字池を中心として、四つの島で形成されている池泉廻遊式庭園。

■**桂離宮**（かつらりきゅう）
〒615-8014　京都市西京区桂御園
参観申込先：〒602-8611　京都市上京区京都御苑3　宮内庁京都事務所参観係
電話電話：075-211-1215
阪急京都線・阪急嵐山線「桂駅」から徒歩二十分
京都駅前バスターミナルから市バス33で「桂離宮前」下車すぐ

【ひとくちメモ】

江戸時代初め、八条宮初代智仁親王と二代智忠親王によって造られた別荘。書院や茶屋などの建造物と回遊式庭園の調和した名園。東山魁夷の描いた《桂離宮書院》は、床下部分の外壁から見て、後水尾天皇の行幸があったとき増築された新御殿と中書院の間の「楽器の間」の外壁。《桂の敷石》は、石の詰まり方から見て、外腰掛前の延段、孤篷庵に続く二つの延段ではなく、御輿寄の「六つの沓脱《くつぬぎ》」とよばれる沓脱ぎ石に向かう「真の飛び石」（真の敷石）。

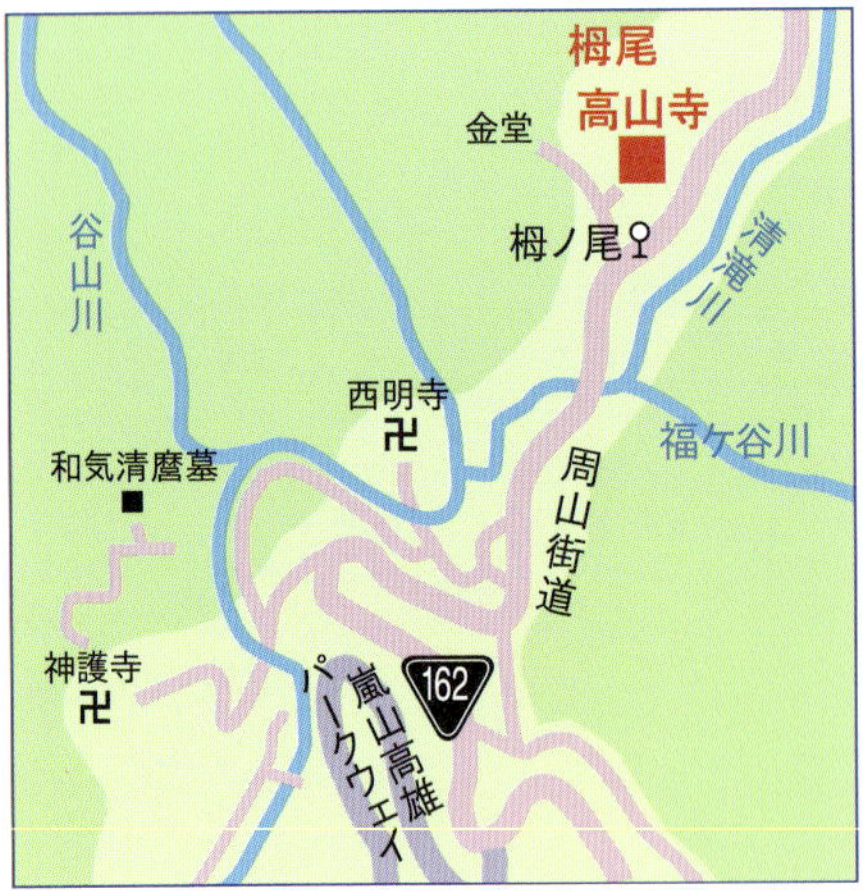

■**栂尾**（とがのお）

【ひとくちメモ】
三尾といわれる「高雄、栂尾、槇尾」は京都市北西部の紅葉の名所。栂尾の高山寺は楓の寺として有名。神護寺は高雄山の中腹。槇尾には、清滝川にかかる指月橋の対岸に見える石段が槇尾の西明寺へと向かう。
高山寺（こうざんじ）［世界遺産］
〒616-8295　京都市右京区梅ヶ畑栂尾町8　電話：075-861-4204
京都駅前バスターミナルからJRバスで「栂ノ尾」下車徒歩三分

京の景色

緑の谷　1968年

秋装う　1976年

一　川端康成の作品に出てくる名店・名料理

「お父さん、森嘉の湯豆腐をおあがりやすか。買うて来ました。」（中略）
千重子は半月弁当を、父のそばにおいて、
「おあがりやすの、ちよつと待つとくれやす。湯豆腐の支度して来ます。」
「……。」
千重子は立つはずみに、門のあたりの竹林を振り向いた。
「もう竹の秋やな。」と父は言つた。（中略）
千重子は奥へはいつた。ねぎをきざんだり、かつをぶしをかいたりする音が、太吉郎に聞えた。千重子は樽源の湯豆腐の道具を、ととのへてもどつた。

『古都』川端康成より

◆森嘉　〒616-8447　京都市右京区嵯峨釈迦堂藤ノ木町42
電話：075-872-3955　営業時間：午前8：00～午後6：00　水曜、第3第4火曜定休
箸にもかからんといわれるほど柔らかく、腰が強く、なめらかな豆腐。川端康成が小説で取り上げたのをきっかけに、その名が全国に知れ渡った。

「芋棒の平野屋さんの前あたりからな、車に飛び乗つてしもたと思ふのやけど……」

『古都』川端康成より

◆いもぼう平野屋本店　〒605-0071　京都市東山区円山公園内知恩院南門前
電話：075-561-1603　営業時間：午前10：30～午後8：30　年中無休
名物料理は、棒鱈と海老芋で作った「いもぼう」。

「今日は、島村はんから、瓢正《へうまさ》の笹巻きずしを、たんといただきましたさかい、うちでは、おつゆだけで、かにしてもらひました。」と、母は父に言つた。（中略）

伊万里の皿に、笹巻き寿司が盛りあげてある。三角形につつんだ、笹をむくと、薄切りの鯛がのつてゐる。椀は湯葉がおもで、少し椎たけがはいつてゐた。

『古都』川端康成より

◆瓢正　〒604-8024　京都市中京区西木屋町四条上ル三筋目
電話：075-221-4424
営業時間：午後0：00～午後2：00、午後5：30～午後9：00　火曜定休

湯波半では、湯葉と、牡丹湯葉と、やはた巻きとが出来てゐた。

「お越しやす、お嬢さん。祇園祭で、いそがしいて、いそがしいて、ほんまの古いおなじみさんだけで、かにしてもろてます。」

この店は、ふだんから、註文だけしかつくらない。京には、菓子屋などにも、かういふ店がある。（中略）

「やはた巻き」といふのは、ちやうど、うなぎのやはた巻きのやうに、湯葉のなかに、ごばうを入れて巻いてある。「牡丹湯葉」といふのは、ひろうすに似てゐるが、湯葉のなかに、ぎんなんなどが包みこんである。

この湯波半は、いはゆる「どんどん焼き」にも残つて、二百年ほど前の店である。少し直したところはあるが……。たとへば、小さい天窓にがらすをはめ、湯葉をつくる、おんどるまがひの炉は、れんぐわづくりになつてゐる。

「前は炭火どしたけど、いこす時に、粉がはいつて、湯葉にぽつぽつつきますやろ。そいで、おがくづをつかふことにしました。」

『古都』川端康成より

◆湯波半老舗　〒604-0943　京都市中京区麩屋町通御池上ル上白山町
電話：075-221-5622　営業時間：午前8：00〜午後6：00　木曜定休

「すつぽんも、そろそろ、よろしおすな。北野の大市に、席を取つときますから、お越しやしとくれやす。お父さんやお母さんまで、お誘ひすんのは、生意気やさかい、千重子さんだけ……。うちは、お稚児さんをつれていきます。」

『**古都**』**川端康成より**

◆大市　〒602−8351　京都市上京区下長者町通千本西入ル六番町371
電話：075−461−1775　営業時間：午後0：00〜午後1：00、午後5：00〜午後7：30
火曜定休　要予約

二人は角倉家の墓の前を通つて山をおりると、祇王寺へ行つた。そこから引きかへして、嵐山までゆつくり歩いた。

吉兆で昼の食事をした。

『**美しさと哀しみと**』**川端康成より**

◆京都吉兆嵐山本店　〒616−8385　京都市右京区嵯峨天竜寺芒ノ馬場町58
電話：075−881−1101　営業時間：午前11：30〜午後3：00、午後4：30〜午後9：00
水曜定休、12／27〜12／31・1／4〜1／9休　要予約

「南禅寺の湯豆腐屋が近いんで、よくひとりで行きます。蓮の枯れた泉水のそばの床几に腰かけてちびちびやつてゐると、もみぢが散つて来て、日が暮れるんですな。」

『古都』川端康成より

夕飯は座敷へもどつてすることになつた。庭のもみぢを見るのは座敷の方がいい。

辻留の懐石料理だつた。

『虹いくたび』川端康成より

◆辻留　〒605-0005　京都市東山区三条通大橋東入ル三町目16
電話：075-771-1718　予約受付：午前9：00～午後6：00　不定休　要予約

嵐山の方へ橋を渡らずに、少し川岸をのぼつた、木蔭のなかの料理屋へ筍を食べに行つた。

『生きてゐる方に』川端康成より

「ほととぎすに、夕方行くと、電話で言つときました（中略）」
「子供の時分に、おいしい竹の子をいただいたのを、おぼえてゐますけれど、そのうちが、ほととぎすですかしら……。」

『虹いくたび』川端康成より

川上の昔づくりの小さい店（中略）竹の子の季節に、鰹節で煮た、大きい輪切りの竹の子を、この店で食べたのは、なん年前だつたらうか。

『美しさと哀しみと』川端康成より

◆旅館鴻臚《こうろ》　〒604-8118　京都市中京区堺町通六角北東角
電話：075-221-7807
「ほととぎす」は筍料理で有名な老舗の料亭「時鳥《ほととぎす》」。のちに旅館青龍別館の料理旅館「楓琴亭《ふうきんてい》」となるが、現在は旅館こうろ一階にあるカフェ「オルガン・カフェ」。

京都ではいつも柊家に泊つて、あの柊の葉の模様の夜具にもなじみがある。京に着いた夜、染め分けの色のやはらかい柊模様の掛蒲団に、白い清潔なおほひがかけられるのを見てゐると、なじみの宿に安心する。遠い旅の帰りに京へ立ち寄つた時はなほさらである。夜具や、ゆかたばかりでなく、座布団、湯吞や飯茶碗その他の瀬戸物にまで柊の模様がついてゐるのだが、その柊は目立たない。またそれらの調度は十年、二十年、戦時も戦後も変らない。つまり同じものがどれほど多く用意してあつたのか。この目立たないことと、変らないこととは、柊家のよいところだ。昔から格はあつても、ものものしくはなかつた。（中略）

戦前の柊家が日毎に部屋へ配つた献立表は葉書二枚の大きさで、片面にその日の献立が印刷され、片面は季節の京都名所を描いた絵葉書になつてゐた。そのころがなつかしい。（中略）

私は京阪のほかの宿で泊つた後でも柊家へ落ちつきにゆく。ここが私の親しい京である。

『柊家』川端康成より

◆柊家旅館本館　〒604–8094　京都市中京区麩屋町姉小路上ル中白山町
電話：075–221–1136
馴染み客の一部は「ひらぎや」というが、正しくは「ひいらぎや」とよむ。

二　川端康成によって書かれた京都の年中行事・習俗

「夕飯のしたくに、錦《にしき》へなにか見に行つてきまひよか。」
「おほきに。たのみまつさ。」
千重子は立ちあがつて、店の方へ出ると、土間におりた。もとは、この土間が細長く奥へつづいてゐたものだ。そして、店と反対の壁ぎはに、黒いかまど（くど）がならび、炊事場があつた。（中略）
くどのうしろに、鎮火の御札がまつつてある。そして、布袋がならべてある。布袋は七体までで、毎年初午に伏見の稲荷にまゐつて、一体づつ買つて来てふやす。もし、そのうちに死人が出ると、はじめの一体から、そろへ直すのである。

『古都』川端康成より

平安王朝のむかしから、京都では、山といへば比叡山、祭りといへば加茂の祭りであつたらしい。

五月十五日の、その葵祭もすぎた。

葵祭の勅使の列に、斎王の列が加へられるやうになつたのは、昭和三十一年からである。斎院にこもる前に、加茂川で身をきよめる、古式を生かしたものであるが、輿に乗つた、小袿《こうちぎ》すがたの命婦《みやうぶ》を先きに、女儒《にょじゅ》、童女らをしたがへ、伶人に楽を奏させ、斎王は十二ひとへの姿で、牛車に乗つて渡る。その装ひのせゐの上に、斎王は女子大学生ぐらゐの年ごろであるから、みやびたうちにも花やかである。

『古都』川端康成より

鞍馬寺の竹伐り会《ゑ》は、太吉郎が好きな行事である。男らしくもあるからだ。（中略）太吉郎は雨を案じてゐた。竹伐り会は、六月の二十日で、つゆのさなかである。（中略）

竹伐りに奉仕するのは、僧ではなくて、おもに里人である。法師と呼ばれる。竹伐りの支度として、十八日に、雄竹、雌竹、四本づつを、本堂の左右に立てた丸太に、横しばりにする。雄竹は根を切つて葉をつけ、雌竹は根をつけたままである。

本堂に向つて、左が丹波座、右が近江座と、むかしから呼ばれてゐる。当番にあたつた家の者は、伝来の素絹をつけ、武者わらぢをはき、玉だすきをかけ、二本の刀をさし、頭に五条のけさを弁慶かぶりに巻き、腰に南天の葉をつけ、竹伐りの山刀は、錦の袋にをさめられてゐる。そして、先払ひのみちびきで、山門に向ふ。

午後一時ごろである。

十徳姿の僧のほら貝で、竹伐りがはじまる。

『古都』川端康成より

八月十六日の大文字は、盆の送り火である。夜、松明の火を投げあげて、虚空を冥府に帰る、精霊《しやうりやう》を見送る習はしから、山に火をたくことになつたのだともいふ。

東山の如意ケ岳の大文字が「大文字」なのだけれども、じつは、五つの山に火がたかれる。金閣寺に近い大北山の「左大文字」、松ケ崎の山の「妙法」、西賀茂の明見山の「舟形」、上嵯峨の山の「鳥居形」、合せて、五山の送り火が、つぎつぎともされる。その四十分間ほどは、市内のネオン、広告灯も消される。

送り火のついた山の色、そして夜空の色に、千重子は初秋の色を感じる。

大文字よりも、半月ほど先き立つて、立秋の前夜には、下鴨神社に、夏《な》越《ご》しの神事がある。

『古都』川端康成より

十月二十二日の時代祭は、上賀茂神社、下賀茂神社の葵祭、祇園祭とともに、祭りの多い京でも、三大祭りの一つと言はれている。平安神宮の祭りであるけれども、その行列は、京都御所から出る。（中略）

平安神宮は、京に都がうつされて、千百年にあたる、明治二十八年にたてられたのだから、二つの大きい祭りのうちで、もつとも新しいのは、言ふまでもない。しかし、京が都となつたのを、ことほぐ祭りだから、千年の都風俗のうつり変りを、行列に現はして見せる。おのおのの時代の装ひを現はすのに、その名になじみのある、人物を出すのだつた。

（中略）

京の風俗絵巻のやうな行列は、かなり長い。

女が加へられたのは、昭和二十五年からださうで、祭りを艶に、花やかにしてゐる。

行列の先頭は、明治維新ごろの勤王隊、丹波北桑田の山国隊で、後尾は延暦時代の文官たちが参朝の列である。平安神宮に帰りつくと、鳳輦の前で、祝詞をのべる。

行列は御所から出るし、また、御所の前の広場で見るのがいい。

『古都』川端康成より

あとがき――魁夷の描いた場所を訪ねて

画集『京洛四季』は新潮社から昭和四十四（1969）年に刊行され、康成は、序文「都のすがた――とどめおかまし」を執筆した。この序文はノーベル文学賞受賞の報せのあった直後の多忙な時期、光悦会に出、〈光悦垣は前に萩、うしろにもみぢで、東山さんの絵そのまま〉と感じた後、一人京都に残り、青蓮院《しょうれんいん》の楠《くすのき》《年経る樹》の偉容などに感動しつつ書いたのだった。

こうした二人の交遊については巻末「略年譜」、本書と同じく求龍堂から刊行された『川端康成と東山魁夷　響きあう美の世界』を参照されたい。この書には二人の往復書簡、国宝《十便十宜図《じゅうべんじゅうぎず》》、同《東雲篩雪図《とううんしせつず》》など川端康成の収蔵美術品（魁夷作品十四点）と、その他にもさらに魁夷の代表作なども多く掲載、二人の交遊の始まりなど詳しい解説も収載した。

自然は永遠だ、と言われる。確かに丸山公園《花明り》の枝垂《しだ》れ桜の下で花々を仰ぎ見る時、その思いにつつまれる。しかし、魁夷が〈庭は生きている〉、だから絶えず変化していると述べ、勧修寺《かんじゅじ》《夏深む》の池庭《ちてい》の深い静けさは、その後〈二度と味わうことが出来なかった〉と書いた。今、睡蓮の名所と変わった勧修寺。池面《いけも》は蓮の葉に蔽《おお》われ、樹木の何本かは立ち枯れている。魁夷が嘆いたとおりだった。一方、広大な天龍寺の塔頭《たっちゅう》の《土塀》を探し回り、慈齋院の壁に魁夷の描いたひびわれひとつ変わることのない「菊花」と出合ったのは喜びだった。しかし、手前に伸びた立木に隠され、気をつけて探さなければ見ることはできない。「今宮神社」のあぶり餅。これは神社に向かって右側の「一和」の暖簾《のれん》の下から、向かい側の「かざりや」の店先を描いたものだが、魁夷の描いたままの風情が残っている。この店は十一世紀初頭の長和年間から続いて二十三代という。

山崎では天王山《てんのうざん》に登ってきた。三百メートルにみたぬ小山だが、急な登りが続いた。山腹には魁夷の描いたような竹林が今も続いている。「芹生峠《せりょうとうげ》」は今も変わらず緑濃い。魁夷は歌舞伎が好きで、「芹生峠」は〈歌舞伎の舞台で馴染んでいる「寺子屋」の芹生の里ということになっている。私はあの不合理極まる芝居が好きで、若い時からその時々の俳優による舞台を見ているつど、いつも涙をながさずにはいられない〉と書いた。《夏に入る》（大山崎）《月影》（山崎）を描いたのは、『仮名手本忠臣蔵』の名場面、「五段目山崎街道」に惹かれてではないだろうか。

こうして、魁夷に思いをはせ、その画材を訪ねるのには宝探しのような楽しみがあった。

二〇一三年一月七日　重版に際して　　平山三男

東山魁夷　掲載作品目録

作品名／制作年／寸法／所蔵先／取材地／掲載頁（本制作のみ寸法を記載）

花明り	一九六八年	一二六・五×九六・〇	長野県信濃美術館・東山魁夷館蔵	祇園夜桜	一一頁
宵山	一九六四－六六年		長野県信濃美術館・東山魁夷館蔵	鉾町	一四頁
祇園まつり	一九六四－六六年		長野県信濃美術館・東山魁夷館蔵	山鉾巡行	一五頁
一力	一九六四－六六年		長野県信濃美術館・東山魁夷館蔵	祇園	一九頁
年経る樹	一九六八年	八九・〇×一三〇・〇		青蓮院の楠	二二－二三頁
年暮る	一九六八年	七三・〇×一〇〇・〇	山種美術館蔵	京の街	二七頁
雪降る町	一九六四－六六年		長野県信濃美術館・東山魁夷館蔵	京の町	二八頁
深雪	一九六四－六六年		長野県信濃美術館・東山魁夷館蔵	東山	三一頁
寺の塀	一九六四－六六年		長野県信濃美術館・東山魁夷館蔵	大徳寺	三六頁
砂紋	一九六四－六六年		長野県信濃美術館・東山魁夷館蔵	大仙院	三八頁
三玄院露地	一九六四－六六年		長野県信濃美術館・東山魁夷館蔵	大徳寺	三九頁
初紅葉	一九六八年	六〇・二×八一・〇		高桐院	四二－四三頁
あぶり餅	一九六四－六六年		長野県信濃美術館・東山魁夷館蔵	今宮神社	四五頁
春静	一九六八年	七三・〇×一〇〇・〇	山種美術館蔵	鷹ケ峰	四六頁
秋寂び	一九六八年	六〇・〇×八一・〇		光悦寺	四七頁
散り紅葉	一九六四－六六年		長野県信濃美術館・東山魁夷館蔵	光悦寺	五二頁
緑潤う	一九七六年	七三・二×一〇〇・五	山種美術館蔵	修学院離宮隣雲亭	五三頁
夕涼	一九六八年	八九・〇×一四六・〇		修学院離宮西浜	五四－五五頁
修学院雪庭	一九六四－六六年		長野県信濃美術館・東山魁夷館蔵	修学院離宮	五六頁
冬の庭	一九六四－六六年		長野県信濃美術館・東山魁夷館蔵	修学院離宮	五七頁
門	一九六四－六六年		長野県信濃美術館・東山魁夷館蔵	常照皇寺	五九頁
谿紅葉	一九六八年	八九・〇×一三〇・〇	兵庫県立美術館蔵	芹生峠	六〇－六一頁
秋深し	一九六九年	四七・〇×三四・〇	ポーラ美術館蔵	芹生峠	六二頁
曙	一九六八年	六四・三×九一・五	財団法人北澤美術館本館蔵	比叡山	六四－六五頁
壬生狂言	一九六四－六六年		長野県信濃美術館・東山魁夷館蔵	壬生寺	七二－七三頁
古道具屋	一九六四－六六年		長野県信濃美術館・東山魁夷館蔵	西陣	七五頁
二条城の石垣	一九六四－六六年		長野県信濃美術館・東山魁夷館蔵	二条城	七七頁
三宝院唐門	一九六四－六六年		長野県信濃美術館・東山魁夷館蔵	醍醐寺	八二頁

夏深む	一九六八年	七三・〇×一〇〇・〇		勧修寺	八五頁
東福寺庭	一九六四–六六年		長野県信濃美術館・東山魁夷館蔵	東福寺	八六頁
魚鐸	一九六四–六六年		長野県信濃美術館・東山魁夷館蔵	海宝寺	八七頁
伏見の酒倉	一九六四–六六年		長野県信濃美術館・東山魁夷館蔵	伏見	八八頁
京の民家	一九六四–六六年		長野県信濃美術館・東山魁夷館蔵	伏見	八九頁
街道の家	一九六四–六六年		長野県信濃美術館・東山魁夷館蔵	鳥羽街道	九〇頁
夏に入る	一九六八年	八八・六×一二九・六	市川市東山魁夷記念館蔵	山崎付近	九二–九三頁
月影	一九八一年	四六・〇×六一・〇	財団法人北澤美術館本館蔵	山崎付近	九五頁
冬の花	一九六二年		財団法人川端康成記念会蔵	周山街道	一〇二頁
北山初雪	一九六八年	八九・〇×一三〇・〇	財団法人川端康成記念会蔵	周山街道	一〇六–一〇七頁
青い峡	一九六八年	九二・〇×九〇・〇		周山街道	一〇九頁
雪の後	一九六八年	八一・〇×一一六・〇		中川付近	一一〇頁
竜安寺塀	一九六四–六六年		長野県信濃美術館・東山魁夷館蔵	竜安寺	一一三頁
雪の石庭	一九六四–六六年		長野県信濃美術館・東山魁夷館蔵	竜安寺	一一四頁
麗春	一九九〇年	六四・〇×九一・〇	佐藤美術館蔵	嵐山	一一六–一一七頁
土塀	一九六四–六六年		長野県信濃美術館・東山魁夷館蔵	天龍寺	一一九頁
池澄む	一九六八年	七三・〇×一〇〇・〇		天龍寺	一二〇–一二一頁
秋彩	一九八六年	七二・六×九九・六	山種美術館蔵	小倉山付近	一二三頁
月篁	一九六七年	一一五・四×一六〇・六	東京国立近代美術館蔵	嵯峨野	一二六–一二七頁
落柿舎	一九六四–六六年			落柿舎	一二九頁
行く春	一九六八年	七一・八×八一・〇		祇王寺	一三〇頁
あだし野	一九六四–六六年		長野県信濃美術館・東山魁夷館蔵	念仏寺	一三二頁
千燈会	一九六四–六六年		長野県信濃美術館・東山魁夷館蔵	念仏寺	一三三頁
蔦もみじ	一九六四–六六年		長野県信濃美術館・東山魁夷館蔵	大河内山荘	一三六–一三七頁
松尾神社にて	一九六四–六六年		長野県信濃美術館・東山魁夷館蔵	松尾大社	一三九頁
雨降る池	一九六四–六六年			西芳寺（苔寺）	一四〇頁
桂離宮書院	一九六四–六六年		長野県信濃美術館・東山魁夷館蔵	桂離宮	一四二–一四三頁
桂の敷石	一九六四–六六年		長野県信濃美術館・東山魁夷館蔵	桂離宮	一四五頁
月の出	一九七一年	五〇・二×六五・二		高山寺石水院	一五二頁
照紅葉	一九六八年	八九・〇×一三〇・〇		栂尾	一五四–一五五頁
緑の谷	一九六八年	八一・〇×一一六・〇		京都市	一六六–一六七頁
秋装う	一九七六年	三三・〇×四六・〇		京都市	一六八頁

川端康成　主な作品のあらすじと掲載文献目録

『虹いくたび』

水原常男は東京在住の高名な建築家。それぞれ母が違う水原の三人の娘、百子・麻子・若子の、京都を主舞台とした物語。

麻子は母の違う妹が京都にいることを知って探しに行くなど、「善意」の人で、物語の中心人物。百子は特攻隊で戦死した啓太との不幸な恋愛のため刹那的になり、竹宮少年を翻弄し、少年の子を妊娠・中絶、少年の自殺など波乱に富む生き方をする。夏二は啓太の弟で実家は京都、父が水原に茶室の設計を頼む。末の若子は、生みの母・菊枝、父ちがいの姉・有子が水商売をしながら大事に育てられていた。（「婦人生活」昭二十五・三〜二十六・四）

『日も月も』

鎌倉に住む実業家・朝井の後妻・道子が生んだ松子を中心にした人間の愛憎、運命のような関わりを描いた物語。主舞台は鎌倉だが、物語の最初と最後に光悦会が描かれている。

朝井は松子と二人で光悦会に行き、高谷幸二とその兄の妻・巻子と出会う。朝井家と高谷家は交流が深く、高谷家には宗広と幸二がいる。朝井の前妻の生んだ長男・啓介、次男・照男の二人は幸二たちと仲がよかったが戦死。照男は戦死する前、幸二に松子との結婚を願う手紙を出し、幸二は宗広にもそれを見せたが、松子には告げられなかった。宗広は松子の純潔を奪いながら、巻子と結婚。すぐ喀血し、戦後も療養する身となる。松子の母、道子は戦死した啓介の日記を読み、義母である自分への「敬愛」を知り、夫の朝井もそれから後妻を見直すようになる。道子は、自費出版した啓介の遺文集を編集した啓介の学友・紺野との結婚を松子に勧めるが、松子がその通りにならないと、自分が紺野と結ばれて出奔した。朝井は、自分の死後、松子が一人になるのを心配して、母と暮らすことを許す。朝井が脳卒中で車の中で倒れる瞬間を道子は目にする。病の篤い宗広は松子を求めたが拒絶され、妻にも去られ、自殺をする。その間に、偶然、美術館で会った幸二に松子の心は揺らぐ。幸二も、かつて、兄と松子との関係が深まることを反対した、と松子に告げた。母の道子は紺野と別れ、松子は父の死後、自宅を売却し、母と同居する。松子は幸二に誘われ、光悦会に出かけるのだった。(「婦人公論」昭二十七・一~十一)

『美しさと哀しみと』

日本画の師・上野音子を慕う弟子・坂見けい子による復讐の物語。

北鎌倉に住む五十五歳の小説家、大木年雄は二十四年前に十六歳の音子を愛した。前の年に太一郎を生んだ妻の文子は二十四歳。片親の音子が十七の年、大木の子を八ヶ月で早産、すぐ死亡、音子は自殺未遂をする。精神病院に入院中、母は大木に音子との結婚を迫った。一年と待たないで京都へ移住した音子は、後に画家となり、大木は雑誌などで消息を知る。音子との恋愛事件をモデルにした小説「十六七の少女」の原稿を妻はタイプで打ち、あらためて嫉妬し、打ち終わる頃に流産したが、本の出る頃、組子を生んだ。その小説は代表作となる。音子と別れて二十三年、京都で除夜の鐘を聞きたいと思い立ち、都ホテルに泊まった大木は躊躇しつつ、音子に電話する。翌大晦日、音子の弟子けい子が迎えに来て、音子の用意した貸席で知恩院の鐘を聞いた。その後、大木の不在中、その時の約束で絵を持って鎌倉に来たけい子は、太一郎に送られて帰る。けい子は音子がまだ大木を愛していると感じ、大木に復讐するという。やがてけい子は大木を誘い、抱かれながら音子の名を呼び、体を離した。大木と会ったのは音子への嫉妬だという。次にけい子は、太一郎を京都に呼び出した。鎌倉・室町の文学の研究をしている太一郎はけい子と二尊院に行く。その後、けい子は琵琶湖ホテルへ太一郎を連れていき、モーター・ボートに誘い転覆、太一郎は行方不明となる。(「婦人公論」昭三十六・一~三十八・十)

『古都』

春から暮れまで、京都の季節・行事・名所を背景に、北山杉の村に生まれた双子の姉妹、千重子・苗子の物語。

苗子は村に残され、捨てられた千重子は中京で育つ。千重子を育てたのは、子のない中京の京呉服問屋、佐田太吉郎、しげ夫妻。千重子は捨て子であったことを知り、花見に誘われた平安神宮で、幼なじみの水木真一にそれを告げる。後に知り合う真一の兄、龍助は千重子に思いを寄せるようになる。太吉郎は織物の下絵を描いたりして、余り商売に身が入らない。西陣の織屋、大友宗助は太吉郎の古いなじみで、長男の秀男はひそかに千重子を慕う。北山杉を見るのが好きな千重子が友だちの真砂子と出かけたとき、真砂子は千重子とそっくりな娘を見たという。祇園祭の夜、千重子はその娘とめぐりあい、姉さんと呼ばれ、自分が双子の姉妹であること、両親がすでに亡くなっていることなどを知る。人目に立つことをおそれ、そそくさとかえる苗子を千重子と見間違えた秀男は帯を織らせてくれと頼む。のちにそれが苗子であると知り、北山杉の村を訪ね、帯を渡した秀男は苗子に心惹かれていく。

一方、苗子を訪ねた千重子は、母にそれらの事情を話す。両親は苗子を引き取ってもいいというが、千重子に迷惑がかかることを恐れ、苗子は固辞し、秀男のことも身代わり結婚は嫌だと拒否する。一度だけ、との約束で苗子は、しぐれの降る師走に千重子の家を訪ね、一晩を過ごし、早朝、雪の中を帰っていった。(「朝日新聞」昭三十六・十・八～三十七・一・二十三)

『たまゆら』

会社を退職した翌々日、直木は宮崎に旅立ち、新婚旅行のカップルと会う。それをきっかけとする、京都に嫁入りした長女や家族、さまざまなことへの直木の回想を中心とする物語。

直木と話したカップルは見合い結婚した矢野周一とすみ子。矢野の父親は十四年前に失踪し、直木を父と見間違えて声をかけたのがきっかけだった。直木は退職の話をした時の家族それぞれの反応を思い出した。直木の家は鎌倉にあり、家族は、妻と長男の晴彦、その妻しづ子、京都の老舗、宮本に嫁いだ長女さち子、次女あき子、末娘かよ子だった。直木一家は、長女の結婚式で京都に行き、その後も招待されて京都を訪ねるのだった。(「小説新潮」昭四十・九～四十一・三)

掲載文献目録（新潮社版『川端康成全集』の掲載巻を示す。本書掲載順）

『古都』……『川端康成全集』第十八巻（新潮社、一九八〇年）

『虹いくたび』……『川端康成全集』第十一巻（新潮社、一九八〇年）

『たまゆら』……『川端康成全集』第十七巻（新潮社、一九八〇年）

『京洛四季』序文「都のすがた――とどめおかまし」……『川端康成全集』第二十八巻（新潮社、一九八二年）

『古都』を書き終へて……『川端康成全集』第三十三巻（新潮社、一九八二年）

『美しさと哀しみと』……『川端康成全集』第十七巻（新潮社、一九八〇年）

『美しい日本の私』……『川端康成全集』第二十八巻（新潮社、一九八二年）

『日も月も』……『川端康成全集』第十一巻（新潮社、一九八〇年）

『竹の声桃の花』……『川端康成全集』第八巻（新潮社、一九八一年）

新潮社版『古都』あとがき……『川端康成全集』第三十三巻（新潮社、一九八二年）

『東山魁夷代表画集』序文「東山魁夷私感」……『川端康成全集』第二十八巻（新潮社、一九八二年）

『嵯峨と淀川堤』……『川端康成全集』第二十六巻（新潮社、一九八二年）

『茨木市で』……『川端康成全集』第二十八巻（新潮社、一九八二年）

『生きてゐる方に』……『川端康成全集』第七巻（新潮社、一九八一年）

『柊家』……『川端康成全集』第二十七巻（新潮社、一九八二年）

略年譜（二人の交流については太字で示す）

一八九九（明治三十二）年　川端／六月十四日、大阪に生まれる。

一九〇八（明治四十一）年　東山／七月八日、横浜に生まれる。

一九一八（大正七）年　川端／初の伊豆旅行。以後約一〇年に渡り、毎年伊豆湯ヶ島に長期滞在する。

一九二〇（大正九）年　川端／東京帝国大学文学部英文科に入学。後に、国文科に転科。

一九二一（大正十）年　川端／『新思潮』発刊。

一九二四（大正十三）年　川端／東京帝国大学国文学科卒業。片岡鉄兵、横光利一、中河与一、今東光、佐佐木茂索、十一谷義三郎ら十四名で『文芸時代』を創刊。「新感覚派の誕生」といわれる。

一九二六（大正十五・昭和元）年　川端／「伊豆の踊子」を『文芸時代』に発表（二月完結、一九二七年金星堂より刊行）。
東山／東京美術学校（現・東京藝術大学）日本画科に入学。

一九二九（昭和四）年　東山／最初の展覧会出品作《山国の秋》が第十回帝展に入選。

一九三一（昭和六）年　東山／東京美術学校日本画科を卒業。優等証書、川端奨学資金賞受賞。

一九三三（昭和八）年　東山／東京美術学校研究科を修了。ドイツに留学（〜一九三五年）。

一九三五（昭和十）年　川端／新設の芥川賞選考委員になる。

一九三七（昭和十二）年　川端／『雪国』を創元社より刊行。この作品で文芸懇話会賞受賞。

一九四四（昭和十九）年　川端／「故園」「夕日」などにより菊池寛賞受賞。

一九四七（昭和二十二）年　東山／第三回日展出品作《残照》が特選受賞。

一九四八（昭和二十三）年　川端／日本ペンクラブ第四代会長に就任。

一九五二（昭和二十七）年　川端／『千羽鶴』を筑摩書房より刊行。この作品で日本芸術院賞受賞。

一九五三（昭和二十八）年　川端／日本芸術院会員に任命される。

一九五四（昭和二十九）年　川端／『山の音』を筑摩書房より刊行。この作品で野間文芸賞受賞。

一九五五（昭和三十）年　**東山、川端の新書版『虹いくたび』（河出書房刊）『日も月も』（同上）を装丁する。**
東山、川端邸を訪問し、川端所蔵の美術品を鑑賞。この年より二人の交流が始まる。

一九五六（昭和三十一）年　東山／前年の第十一回日展出品作《光昏》で日本芸術院賞受賞。
川端、東山のスケッチ《滝》《風》を入手。

一九五八（昭和三十三）年　川端／国際ペンクラブ副会長に就任。

一九五九（昭和三十四）年　**川端、「東山魁夷新作展—TOKYO—」（於彌生画廊）の図録『東京』に序文を書く。**
このときの出品作《お濠端》を購入。東山に京都を描くことを勧める。

一九六〇（昭和三十五）年　東山／東宮御所表公室食堂壁画《日月四季図》が完成。

一九六一（昭和三十六）年　川端／文化勲章受章。

一九六二（昭和三十七）年
川端／『古都』を新潮社より刊行。
東山／デンマーク・スウェーデン・ノルウェー・フィンランドを取材旅行。
東山、習作《冬の花》を川端の文化勲章受章のお祝いとして贈る。この作品が『古都』（**新潮社刊**）**の口絵となる。**
川端、朝日新聞日曜PR版に掌篇小説を発表、東山が挿画を描く（〜一九六四年、全十一篇）。

一九六四（昭和三十九）年
川端、東山のリトグラフィ装画集『北欧紀行　古き町にて』（**明治書房刊**）**に序文「美しい地図」を書く。**

一九六五（昭和四十）年
東山／日本芸術院会員に任命される。
東山、川端の『片腕』（**新潮社刊**）**を装丁する。**

一九六七（昭和四十二）年
東山、川端に京都のスケッチ《静宵》を贈り、川端の養女政子の結婚祝いにスケッチ《山湖静》を贈る。

一九六八（昭和四十三）年
川端／ノーベル文学賞受賞。ストックホルムの授賞式で「美しい日本の私—その序説」を記念講演。
東山／皇居宮殿長和殿波の間壁画《朝明けの潮》が完成。
川端、書《山上林下人》《風景常新》と孔雀筆を東山に贈る。
東山、ノーベル文学賞受賞のお祝いに駆けつけ、当夜川端が書いた《秋乃野》をもらう（**のちに屏風に仕立て、裏に絵を描き、川端の死後、川端家に贈る**）。

一九六九（昭和四十四）年
川端／アメリカ芸術文芸アカデミーの名誉会員に選ばれる。
東山／ドイツ・オーストリアを取材旅行。文化勲章受章。文化功労者に選ばれる。
川端、東山の画集『京洛四季』（**新潮社刊**）**に序文「都のすがた—とどめおかまし」を書く。**

一九七〇（昭和四十五）年
川端／日本近代文学館の名誉館長に就任。
川端夫妻、東山夫妻、井上靖夫妻で、信州の穂高町を旅行する。

一九七一（昭和四十六）年
川端、東山の画集『東山魁夷代表画集』（**集英社刊**）**に序文「東山魁夷私感」を書く。**

一九七二（昭和四十七）年
川端／四月十六日、逗子のマンションの仕事部屋でガス自殺を遂げる。享年七十二。
東山、『新潮』（**六月臨時増刊号「川端康成読本」、新潮社刊**）**に追悼文「星離《わか》れ行き」を書く。**
東山、川端の『たんぽぽ』（**新潮社刊**）**を装丁する。**
奈良県桜井市の山の辺の道に二人の歌碑が完成する。

一九七三（昭和四十八）年
川端／財団法人川端康成記念会によって「川端康成文学賞」が創設される。
東山、川端の豪華限定本『古都』「光悦垣直筆装」（**牧羊社刊**）**を装丁する。**
川端の『日本の美のこころ』（**講談社刊**）**の装丁に東山の《北山初雪》が使われる。**

一九七四（昭和四十九）年
東山／日展理事長に就任。

一九七五（昭和五十）年
東山／唐招提寺第一期障壁画《山雲》《濤声》が完成。
東山、川端の『天授の子』（**新潮社刊**）**を装丁する。**

一九七六（昭和五十一）年
東山／中国を取材旅行。

一九八〇（昭和五十五）年
東山／唐招提寺第二期障壁画《黄山暁雲》《揚州薫風》《桂林月宵》が完成。

一九八一（昭和五十六）年
東山／唐招提寺鑑真和上像厨子絵《瑞光》を奉納。

一九九九（平成十一）年
東山／五月六日死去。享年九十。従三位、勲一等瑞宝章を贈られる。

（編集部編）

重版にあたり、初版刊行後に判明した事項や詳細情報を、
編纂者の意向により追加訂正いたしました。（編集部）

今、ふたたびの京都 ——東山魁夷を訪ね、川端康成に触れる旅——

発行日　２００６年９月25日初版
２０１８年９月２日第４版

著者　東山魁夷　川端康成

編纂　平山三男

発行者　足立龍太郎

発行所　株式会社求龍堂
〒１０２-００９４　東京都千代田区紀尾井町３-23文藝春秋新館１階
電話　０３-３２３９-３３８１（営業）　０３-３２３９-３３８２（編集）

ブックデザイン　前田茂実

印刷製本（初版）　日本写真印刷株式会社

印刷製本（第2版以降）　光村印刷株式会社

©2006 Sumi Higashiyama　財団法人川端康成記念会　Mitsuo Hirayama

Printed in Japan
ISBN4-7630-0645-2 C0026